Edition Delius

W0467127

1 | Zier-Lauch (*Allium*) 'Globemaster'

2 | Seerosen (*Nymphaea*)

3 | Bach-Kratzdistel (*Cirsium rivulare*) 'Atropurpureum'

Andrew
McIndoe

Schöne Gärten

Perfekt gestalten und optimal bepflanzen

Delius Klasing Verlag

4

5

6

7

8

9

Inhalt

Der Award of Garden Merit 🏆

Auf viele Pflanzennamen in diesem Buch folgt das Symbol 🏆. So gekennzeichnete Pflanzen wurden von der Royal Horticultural Society durch die Verleihung des Award of Garden Merit für besonders gartenwürdig erklärt. Eine derart ausgezeichnete Pflanze muss in mehr als einer Hinsicht interessant sein und sich zugleich von anderen Pflanzen besonders abheben. Verlangt wird außerdem Unkompliziertheit, gute Gesundheit und vor allem Vielseitigkeit. Daraus sollte jedoch nicht der Umkehrschluss gezogen werden, dass eine Pflanze ohne diese Auszeichnung nicht gartenwürdig sei. Das Fehlen der Auszeichnung bedeutet lediglich, dass die Pflanze nicht sämtliche Bewertungskriterien erfüllt oder aber bisher noch nicht bewertet wurde.

Zierpflanze oder schädliches Unkraut?

Bisweilen machen verwilderte Gartenpflanzen der heimischen Pflanzenvielfalt Konkurrenz oder sie dienen als Wirt für Pilzinfektionen bzw. Schadinsekten. Aus diesen Gründen kann eine Pflanze, die sich auf dem einen Kontinent großer Beliebtheit erfreut, auf einem anderen vollkommen unerwünscht sein.

Heutzutage sind sich die Gartenbauexperten der Auswirkungen, die eine Kulturpflanze auf die Natur haben kann, sehr bewusst. In der Regel unterliegen Spezies, die sich in einer bestimmten Region außerhalb der Gärten zu einem Problem entwickeln können, Beschränkungen und werden nicht zum Verkauf angeboten.

---

4 | Funkie (*Hosta*) 'Sum and Substance'
5 | Gewöhnlicher Efeu (*Hedera helix*) 'Buttercup'
6 | Gewöhnliches Großes Immergrün (*Vinca major*) 'Variegata' mit Bambus (*Pleioblastus variegatus*)
7 | Rotschleier-Wurmfarn (*Dryopteris erythrosora*)
8 | Griffiths Wolfsmilch (*Euphorbia griffithii*) 'Fireglow'
9 | *Lilium henryi*

Die Planungsphase

Die Neuanlage oder Umgestaltung eines Gartens ist immer eine spannende Angelegenheit. Schon die Vorfreude ist groß, wenn man Bücher und Zeitschriften nach Ideen durchforstet, fremde Gärten besucht oder aber Gärtnereien, Gartencenter und Baumärkte nach Pflanzen und Materialien durchstöbert. Wie bei anderen Projekten liegt auch hier der Schlüssel zum Erfolg in einer guten Planung – nur so kann das Vorhaben gelingen. Entscheidend für die Art der Ausführung sollte immer der persönliche Geschmack des Gartenbesitzers sein; gleichzeitig aber wollen die praktischen Gegebenheiten berücksichtigt sein.

Diese verputzte Wand verdankt das elegante Schattenspiel einem Bambus.

Die Bedarfsanalyse

Bevor Sie mit der Gartenplanung beginnen, sollten Sie sich unbedingt einige Fragen beantworten: Wie lange wollen Sie in dem Haus wohnen? Wie viel Zeit pro Woche können Sie realistisch auf die Gartenpflege verwenden? Wie werden Sie den Garten nutzen? Gleichzeitig sollte Ihr Garten nicht nur Ihren praktischen, sondern auch Ihren ästhetischen Ansprüchen gerecht werden.

Wer sein gegenwärtiges Haus nur als Zwischenstation für die nächsten drei bis fünf Jahre ansieht, sollte sein grünes Reich nicht allein für sich selbst gestalten, sondern es auch aus dem Blickwinkel eines potenziellen Käufers betrachten. Gewiss steigert ein attraktiver, gut durchdachter Garten den Wert eines Grundstücks und verbessert seine Aussichten auf dem Immobilienmarkt. Ein anderer Besitzer jedoch ist möglicherweise weniger an Gartenarbeit interessiert als Sie, weshalb Sie in diesem Fall mit einer pflegeleichten Anlage auf Nummer sicher gehen sollten. Ist hingegen kein Wohnungswechsel geplant und wollen Sie Ihren Garten auf lange Sicht Ihr Eigen nennen, so gelten andere Regeln. In dem Fall dürfen sich Pflanzungen über Jahre entwickeln, und die Anlage des Gartens kann in Ruhe angegangen werden.

Ganz unabhängig von der zur Verfügung stehenden Frist ist von übereilten Entscheidungen grundsätzlich abzuraten. Verbringen Sie erst einmal ein wenig Zeit mit Ihrem neuen Reich, lernen Sie die Lichtverhältnisse zu den verschiedenen Jahreszeiten kennen und warten Sie ab, welche Pflanzen sich im Laufe der Saison blicken lassen.

Ihr Zutun

Ein passionierter Gärtner ist ständig auf der Suche nach neuen Aufgaben. Wer jedoch unerfahren einen großen Garten auf sich nimmt, stellt oft zu spät fest, dass der erforderliche Kraft- und Zeitaufwand seine Möglichkeiten übersteigt. Ein ausgewogenes Verhältnis von Arbeit, Schaffensdrang und der zur Verfügung stehenden Zeit jedoch ist der Schlüssel zu anhaltender Freude am Garten.

Legen Sie von vornherein fest, wie viel Zeit und Mühe Sie investieren wollen. Bedenken Sie dabei, dass die Größe eines Gartens nicht direkt mit dem nötigen Pflegeaufwand verknüpft sein muss. Zwar beansprucht eine große Anlage normalerweise mehr Zeit als ein kleines Gärtchen, doch Sie könnten beispielsweise den Rasen einem Profi überantworten und sich selbst ausschließlich um die Beete kümmern. In einem kleinen Garten hingegen ist jedes noch so winzige Detail von Bedeutung; hier ist jede einzelne Pflanze das ganze Jahr lang gefordert, und Sie müssen ihr helfen, die ihr zugedachte Rolle auszufüllen.

Auch eine gut geplante Bepflanzung trägt dazu bei, den Arbeitsaufwand dauerhaft niedrig zu halten. Kompakte immergrüne Sträucher strukturieren die Gestaltung ohne ständige Schnitt- und Pflegemaßnahmen, und gut gewählte Bodendecker unterdrücken Unkraut. In einem kleinen Garten lohnt die Überlegung, ob ein Rasen überhaupt erforderlich ist. Im Sommer müsste dieser wöchentlich gemäht

Öfter mal ein bisschen

Wer es einrichten kann, jede Woche ein wenig Zeit für den Garten aufzuwenden, behält alles problemlos im Griff. Teilen Sie sich die Arbeit ein und genießen Sie sie. Ein wenig Unkrautzupfen am Feierabend entfaltet geradezu therapeutische Wirkung. Putzen Sie im Sommer Verblühtes täglich aus und mähen Sie regelmäßig den Rasen – so halten Sie Ihren Garten gut in Schuss. Wer stattdessen auf wochenlange Vernachlässigung einen zweitägigen Gewaltakt folgen lässt, dürfte diesen Zeitaufwand schon bald bereuen.

1 | Ein gefälliger, gut geplanter Garten wird sich als harmonische Erweiterung des Wohnraums erweisen.

2 | Auf dieser geräumigen Terrasse hat man den Garten in seiner ganzen Pracht im Blick. Den Teich sichert ein kunstvolles Gitter.

1

2

3

Sich ändernde Bedürfnisse

Die Rolle eines Gartens wandelt sich im Laufe der Jahre entsprechend unserer veränderten Bedürfnisse. Wer seinen Garten lange nutzen will, sollte frühzeitig für die Zukunft planen: Legen Sie ihn so an, dass sich der Spielbereich der Kinder irgendwann durch breite Blumenbeete ersetzen lässt oder das Gemüsegärtchen durch eine pflegeleichte Strauch- und Staudenrabatte mit Bodendeckern.

werden; wem dies nicht in den Zeitplan passt, der findet in einer mit Kies, niedrigen Bodendeckern, Pflaster oder einem Holzdeck gestalteten offenen Fläche eine gute Alternative (siehe Seite 55–59).

Wie nutzen Sie den Garten?

Ob Sie eine Neuanlage planen oder eine Umgestaltung: Wichtig ist als Erstes die Überlegung, wie Sie den Garten tatsächlich nutzen werden. Ein kurzer Blick in die Vergangenheit zeigt, dass der Hausgarten im Laufe der Zeit immer wieder anderen Zwecken diente. Mit zunehmendem Wohlstand und veränderten Lebensgewohnheiten wandelte sich auch seine Nutzung. Wo einst ausschließlich Gemüse und Blumen gezogen wurden, entstanden Wohnräume im Freien und hübsch anzusehende Szenerien. Inzwischen jedoch ist eine Rückbesinnung auf den Nutzgarten zu beobachten: Gemüse, Kräuter und Vasenschmuck aus dem eigenen Garten erfreuen sich immer größerer Beliebtheit, und neben dem Aspekt der Wertsteigerung steht heute vor allem die therapeutische Wirkung der Gartenarbeit im Mittelpunkt.

4

3 | Und sei der Garten noch so winzig – Platz für eine Sitzecke findet sich eigentlich immer.

4 | Ein offener, sonniger Bereich ist die Voraussetzung für jede Gemüseernte. Bei guter Planung und Pflege bringt selbst eine winzige Fläche reichen Ertrag.

5 | In diesem fernöstlich inspirierten Garten ist der Holzsteg Blickfang und Einladung zugleich. Eine derartige Gestaltung funktioniert besonders gut in einem vollkommen abgeschlossenen Bereich mit seinem eigenen Ambiente. Die Kiesfläche und die pflegeleichte Bepflanzung bedeuten keinen großen finanziellen Aufwand.

6 | Gräser im Fangkorb eines alten Handrasenmähers, ein Vogelhaus in aparten Farben – Accessoires verankern diesen Garten in der Tradition und verbreiten ländliche Stimmung.

7

8

Ein Garten zum Entspannen

Soll der Garten als »Freiluftwohnzimmer« oder als Wohnraumerweiterung genutzt werden, kommt es auf die richtige Planung an. Nicht immer reicht die bereits vorhandene Terrasse für Esstisch und Stühle aus; in diesem Fall werden Sie die befestigte Fläche erweitern wollen (siehe Seite 55-59). Besonders wichtig ist außerdem ein ausreichender Sichtschutz, der jedoch nicht den Außenraum einengen oder das Haus verdunkeln sollte (siehe Seite 34-38).

Für die junge Familie steht ein sicherer Spielbereich für die Kinder wohl an erster Stelle. In dieser Lebensphase sind ein Fußballtor und ein Planschbecken im Garten wichtiger als Blumenrabatten und Küchengarten. Doch während empfindlichere Pflänzchen noch ein paar Jahre warten müssen, können sich die strukturgebenden Sträucher schon einmal entwickeln. Unter Trampolin und Klettergerüst ist eine Schicht Rindenmulch sinnvoller als Rasen, zumal das Mähen an diesen Stellen mühsam ist. Holzbelag ist meist kinderfreundlicher als hartes Pflaster und passt gut zum modernen Baustil; außerdem lassen sich Sandkasten und Planschbecken gut in eine Holzflache integrieren. Sind die Kinder Ihnen entwachsen, ist eine Umgestaltung mühelos möglich.

7-8 | So verschieden die Gestaltung, so ähnlich die Ausgangslage: Diese Gärten weisen beide einen schmalen, rechteckigen Grundriss auf. Auf Abbildung 8 sehen Sie einen außergewöhnlichen modernen Entwurf, der gut zu einer futuristischen Wohnarchitektur passt. Hier ändert sich im Laufe des Jahres nur wenig, die Gestaltung ist äußerst pflegeleicht. Der in Abbildung 7 gezeigte traditionellere Garten dagegen unterliegt dem Wandel der Jahreszeiten und erfordert Einsatz, wird jedoch auf Dauer wahrscheinlich mehr befriedigen.

9 | Bei diesem Gärtchen wurde zunächst einiges in Pflaster- und Baumaterialien und in die bei einem solchen Projekt nötige professionelle Ausführung investiert. Doch mit der richtigen Bepflanzung verwandelt sich dieser Raum im Nu in eine pflegeleichte Anlage, die das ganze Jahr Schönes zu bieten hat. Mit Bedacht gewählte Blattschmuckpflanzen sorgen für Struktur und abwechslungsreiche Formen und Texturen; gleichzeitig bringen sie Farbe ein, sodass der Raum auch ohne blühende Pflanzen bezaubert.

Ein Garten für den Pflanzenfreund

Jeder echte Gartenfreund kann den Wunsch nach einem Garten voller Beete nachvollziehen. Wer die Gartenarbeit zum Hobby hat, will sich hier draußen beschäftigen, will graben, jäten, pflanzen, ausputzen, gießen. Bis zu einem gewissen Grad verlangt jeder Garten nach diesen Aktivitäten; ob Ihre Bedürfnisse dabei erfüllt werden, müssen Sie selbst entscheiden. Wer sich von einem großen Garten auf ein schnell perfektioniertes kleines Reich umgewöhnen muss, weiß oft nicht, wohin mit seiner Energie; ein neues Gewächshaus, Töpfe und Container mit Sommerblumen oder eine neue gemischte Rabatte helfen, den Tatendrang zu stillen. Viele Gartenbesitzer können es gar nicht abwarten, eigenes Obst und Gemüse zu ernten. Etliche Gemüsearten, Früchte und Kräuter lassen sich in die Gesamtgestaltung integrieren: ein Kräutertopf auf der Veranda, Tomaten in einem Kübel an der Hauswand oder ein Bohnenzelt mitten im Blumenbeet. Bevor Sie sich an ein separates Gemüsebeet machen, sollten Sie sich fragen, ob Sie sich das ganze Jahr über angemessen darum kümmern

Gärten unterliegen nicht selten denselben Modetrends wie Kleidung und Inneneinrichtung. Je mehr sich unsere Wohnräume öffneten, desto schlichter und geradliniger wurden auch unsere Gartenräume, mit reichlich Grün und frischen, zarten Farben. Dennoch geht in der Gartenmode jeder Wandel mit einer gewissen Trägheit vonstatten: Oft vergehen Jahre, bevor die Allgemeinheit das von Experten verkündete Ende einer Mode nachvollzieht. So mögen Gräser und Zier-Lauch (*Allium*) auf den Laufstegen des Gartendesigns bereits auf dem Rückzug sein – der Privatgärtner wird sie noch viele Jahre voller Freude pflanzen.

können, denn wie der übrige Garten erfordert auch ein Gemüsebeet viel Zeit und Mühe. Bedenken Sie auch die Erntezeit: Wer im Sommer lange verreist, dem geht eventuell der Großteil seines Ertrags verloren. Gemüsepflanzen verlangen nach Sonne und gutem Boden; wo beides fehlt, ist von einem Nutzgarten nur abzuraten.

Eine Frage des Geschmacks

Unser Geschmack wird ständig von der Mode, den Medien und unserer Umgebung beeinflusst. Ein Garten allerdings zählt zur Privatsphäre und sollte vor allem seinem Besitzer gefallen und dessen Bedürfnisse erfüllen. Dennoch bleibt zu bedenken, dass sich auch der persönliche Geschmack innerhalb recht kurzer Zeit wandeln kann.

Bedenken Sie bei der Planung Ihres Gartens, dass die neuesten Designtrends oft schon nach wenigen Jahren vollkommen überholt sind. Die in den 1960er-Jahren so beliebten Rosenbeete mit ihren Teehybriden und Floribundas wirken im beginnenden 21. Jahrhundert definitiv altmodisch. Der einst so beliebte Heidegarten mit seinen Koniferen ist gemischten Rabatten mit Sträuchern und Stauden gewichen. Was werden wir wohl in ein paar Jahren von kastenförmig geschnittenem Grün und Zier-Lauch (*Allium*) halten?

Wie bei Kleidungsfragen gilt auch hier: Klassiker sterben nicht aus. Gehen Sie im Zweifel auf Nummer sicher und entscheiden Sie sich für das, was Ihnen unter Garantie tagein, tagaus gefallen wird. Ganz besonders gilt dies für Strukturpflanzen und feste Einbauten. Veränderungen können Sie problemlos mit Sommerblumen in immer neuen Farben einbringen, mit farbigen Anstrichen oder Lasuren, oder indem Sie beweglichen Elementen wie Kübeln, Gartenornamenten und Accessoires immer wieder neue Plätze zuweisen.

Finanzielle Überlegungen

Wer glaubt, er komme bei der Anlage seines Gartens mit weniger Geld aus als bei der Inneneinrichtung seines Hauses, der irrt. Der Garten ist üblicherweise größer als jedes Zimmer im Haus, und meist stellen die Pflanzen und Einbauten eine längerfristige Investition dar als die Möblierung der Innenräume.

Wie viel Ihre Gartenanlage kostet, hängt von Ihnen ab: von den Materialien, die Sie wählen, von den Pflanzensorten und ihrer Größe und davon, ob Sie die Arbeiten vom Profi ausführen lassen oder aber ganz oder teilweise selbst übernehmen. Die Materialien, die im Garten verbaut werden, sind ebenso wichtig wie die Bepflanzung. Gehen Sie bei der Qualität niemals Kompromisse ein – billiges Pflaster, minderwertige Zaunelemente und schlechte Rasensaat verderben so manchen Garten. Große Solitärgehölze kosten naturgemäß mehr als kleinere, jüngere Pflanzen. Soll der Garten relativ schnell eingewachsen wirken, ohne dabei das Budget zu sprengen, empfiehlt sich die Investition in wenige ausgewählte Exemplare, die das Grundgerüst bilden oder auf Jahre hinaus die Anlage prägen.

Denken Sie daran, dass es nicht darauf ankommt, alles auf einmal zu machen. Haben Sie jedoch einen Plan, und sei er noch so grob skizziert, dann können Sie mit den wesentlichen Punkten beginnen und später darauf aufbauen.

Lage und Ausblick

Die Himmelsrichtung Ihres Gartens und die Zahl der Sonnenstunden, über die er im Laufe des Tages verfügt, wirken sich sehr darauf aus, wie sich die einzelnen Bereiche nutzen und bepflanzen lassen. Die umliegende Landschaft und die Nachbargärten haben ebenfalls großen Einfluss auf Ihren Garten.

Ein sonniger, also offen nach Süden gelegener Garten ist ideal, denn hier liegt die Kontrolle ganz bei Ihnen. Zahlreiche Pflanzenarten gedeihen hervorragend an sonnigen Standorten, und die Schattenmenge bestimmen Sie selbst, indem Sie Bäume setzen oder Pergolen bauen (siehe Seite 65/66). Liegt Ihr Garten hingegen im Schlagschatten angrenzender Gebäude, müssen Sie diesen bei der Gestaltung und Bepflanzung entsprechend berücksichtigen.

Beobachten Sie zunächst den Stand der Sonne und die Lichtmenge, welche die unterschiedlichen Gartenpartien zu verschiedenen Tages- und Jahreszeiten erhalten. Eine Terrasse muss nicht zwingend direkt an das Wohnzimmer anschließen. Ist dieser Gartenbereich den Großteil des Tages beschattet, während Sie in der Sonne sitzen möchten, so können Sie die Terrasse ebenso gut woanders bauen oder einen zweiten Sitzplatz einrichten. Dasselbe

1 | Ein zeitiger Morgen im Frühjahr: Zwar scheint die Sonne nun kräftiger als im Winter, doch das junge Grün von Sträuchern und Bäumen wirft bereits ersten Schatten.

Licht und Jahreszeit

Die Lichtmenge, die ein Garten erhält, wechselt mit den Jahreszeiten, und zwar nicht nur aufgrund der Anzahl der Tagesstunden und des unterschiedlichen Sonnenstands, sondern auch in Abhängigkeit von der Belaubung der Gehölze. Nach dem herbstlichen Laubfall wird es im Garten oft viel lichter.

bietet sich an, wenn Sie Sonne gern meiden, die Terrasse am Haus sich aber regelmäßig in einen Glutofen verwandelt: Verlegen Sie in diesem Fall Ihren Sitzplatz an einen schattigeren Ort oder treffen Sie Maßnahmen zur Beschattung.

Ausblicke einbeziehen

Die Gehölze in den Nachbargärten, die Bäume der Umgebung, ein weiter Blick über die Landschaft, die Mauern und Zäune Ihrer Nachbarn - dies alles lässt sich in Ihren eigenen Gartenentwurf einbeziehen. Ein Garten, der Landschaft »borgt«, macht einen vollkommen anderen Eindruck als ein nach außen abgeschlossener Raum: Während ein kleiner Hofgarten sich als komplettes Bild präsentiert, verwandelt sich ein ähnlich bemessener, ländlich gelegener Garten in einen Teil der weiteren Landschaft, sobald Sie Ausblicke entsprechend nutzen. Viele Gartenbesitzer beginnen, ihr Reich zu verteidigen, sobald sich eine Pflanze aus dem Nachbargarten über die Grundstücksgrenze wagt. Bevor Sie jedoch zur Astschere greifen, sollten Sie überlegen, ob der überhängende Zweig nicht tatsächlich ein Plus für Sie darstellt, denn er bindet Ihren Garten in sein Umfeld ein. Manchmal sind wir viel zu sehr darauf bedacht, uns die Umgebung mit Hecken, Zäunen und Sichtschutzelementen vom Leib zu halten, und vergessen darüber, dass gerade bei einer Neuanlage die Besonderheiten der Umgebung einen wichtigen Beitrag dazu leisten, unseren Garten reifer wirken zu lassen.

2 | Hier bietet ein Esszimmer einen herrlichen Blick auf eine perfekt platzierte Vase, auf üppiges Grün und einen gepflegten Rasen.

Haus und Garten

Der Anblick des Gartens vom Haus aus ist besonders wichtig; berücksichtigen Sie bei der Gestaltung daher den Blick aus jedem Fenster, auch aus jenen im Obergeschoss. Bedenken Sie auch den Weg zur Haustür, sofern dieser durch den Garten führt: Wer früh das Haus verlässt und spät wiederkehrt, freut sich über aromatisches Laub und nachtduftende Blüten.

Flexibilität und Kompromisse

Häufig lohnt es sich, Elemente außerhalb des eigenen Gartens in einen Entwurf einzubeziehen. Ein Baum oder ein großer Strauch in der Nachbarschaft kann Ihre Gestaltung perfekt ergänzen. Dennoch sollten Sie sich nicht darauf verlassen, dass dieses Element dauerhaft erhalten bleibt, denn kaum jemand hat Einfluss auf das, was außerhalb seines Grundstücks geschieht: Plötzlich ist der Blick verbaut oder der Nachbar war des Gehölzes überdrüssig, das Ihnen so gut gefiel. Bedenken Sie, welche Veränderungen sich auf Ihren Blick auswirken könnten und wie Sie in diesem Fall innerhalb Ihres Gartens für Ausgleich sorgen wollen.

Wo Gärten aneinanderstoßen, gehören Grenzbebauungen wie Hecken und Zäune ganz selbstverständlich zum Bild; außerdem beanspruchen sie Platz. Besprechen Sie sich nach Möglichkeit mit Ihren Nachbarn – eine gemeinsame, für beide akzeptable Lösung beugt nicht selten späterem Zwist vor.

Ebenfalls zu berücksichtigen ist der Blick aus den verschiedenen Räumen Ihrer Wohnung. Wenn Sie vom Sofa nicht in den Garten, sondern auf eine hässliche Garagenwand schauen, so probieren Sie einmal, die Möbel umzustellen; alternativ pflanzen Sie einen attraktiven Blickfang vor das Fenster. Und wie präsentiert sich umgekehrt Ihr Haus, wenn Sie vom Sitzplatz im Garten darauf blicken? Vielleicht lässt sich auch daran etwas verbessern, beispielsweise mit einer Kletterpflanze oder einer höheren Vorpflanzung.

1

2

Grundlegendes

Bevor Sie sich den Details Ihrer Gartenplanung widmen, sollten Sie unbedingt einige grundlegende Fragen klären: Wie werden Sie in den Garten gelangen? Wie ist es um Stauraum, Strom- und Wasserzufuhr bestellt? Die Gestaltungsarbeiten können erst beginnen, wenn Sie hierauf Antworten haben. Bei starkem Gefälle oder Senken sind nicht selten Erdarbeiten nötig oder der Garten muss mit einer Drainage versehen werden. Gute Bodenvorbereitung vor der Bepflanzung ist ebenfalls unerlässlich.

Gefälle und Wasserabzug

Stark geneigtes bis abschüssiges Gelände und Bodensenken sind als Erstes in Angriff zu nehmen. Wenn der Garten sich lediglich leicht vom Haus wegneigt, ist alles in Ordnung; viele Gartenbesitzer aber haben mit weitaus steileren Hängen zu kämpfen.

Rasen verlangt nach einer waagerechten oder höchstens sanft geneigten Fläche. Unebener Rasen wird beim Mähen immer Schwierigkeiten bereiten. Wer am Hang gärtnert, sollte eine Terrassierung in Betracht ziehen (siehe Seite 130–135). Außerdem verlangt Rasen nach wasserzügigem Untergrund; ein gegebenenfalls nötiges Drainagesystem lässt sich jedoch problemlos installieren und wird sich im Laufe der Jahre als ausgesprochen sinnvoll erweisen.

Auch Pflasterflächen müssen eben verlegt werden, allerdings eine gleichmäßige Neigung um wenige Prozent aufweisen, damit Regenwasser ablaufen

3

4

1 | Auf einem insgesamt leicht abfallenden Grundstück wurde dieser Teich gelungen in eine eingeebnete Fläche gebettet.

2 | Die um eine Stufenhöhe angehobene Terrasse mildert die Höhenübergänge zwischen den verschiedenen Gartenbereichen und stellt gleichzeitig eine ebene Fläche für eine Sitzgarnitur zur Verfügung. In den kiesgefüllten Fugen kann Regenwasser gut versickern.

3 | Unbehandelte Bahnschwellen sind gut geeignet, um sanft geneigten Boden zu terrassieren.

4 | Sowohl für die Bauphase als auch für spätere Pflegearbeiten ist es wichtig zu wissen, wie man in den Garten gelangt.

kann. Auf schlecht verlegtem Pflaster sammeln sich Pfützen und im Winter können sich glitschige Algen bilden. Füllen Sie bei staunassem Untergrund die Fugen zwischen den Platten sowie einen Randstreifen um die Terrasse mit Kies; dies ist eine effektive und kostengünstige Lösung, die Probleme gar nicht erst aufkommen lässt (siehe Seite 58).
Auch für einen Wassergarten ist eine ebene Fläche unerlässlich. Sie können einen Teich zwar auch in einen Hang einfügen, doch er muss dabei absolut waagerecht ausgerichtet sein, da er sonst seltsam wirkt und Teichfolie und -technik den Blicken ausgesetzt sind (siehe Seite 63/64).
Wo eine ernsthafte Umgestaltung des Geländes notwendig ist, sollte der Fachmann herangezogen werden. Jede Neukonturierung des Bodens kann den Ablauf von Regenwasser radikal verändern, was sich am Hang vor allem dann als problematisch erweist, wenn es plötzlich zum Haus läuft.

Zugang zum Garten

Wer ausschließlich durchs Haus in seinen Garten gelangt, sollte dies bereits bei der Planung berücksichtigen. Zum einen wird es während der Bauphase nicht einfach sein, sämtliche Materialien und Pflanzen durch das Haus zu transportieren. Zum anderen wird später, wenn der Garten eingewachsen ist, das Heraus- und Hineinschaffen von Gehölz- und Rasenschnitt, Kompost und Gerätschaften problematisch werden.
Fällt dieser schwer zugängliche Außenbereich ausgesprochen klein aus, so ist eine pflegeleichte Bepflanzung zwingend. Langsam wachsende Sträucher und Immergrüne, die nur selten und wenig geschnitten werden müssen, sind die beste Wahl, denn bei diesen fällt kaum Schnittgut an. Eine befestigte Fläche ist einem Rasen vorzuziehen, da für dessen Pflege sperrige Gerätschaften notwendig sind und regelmäßig Rasenschnitt entsorgt werden muss.
Bei einem großen, kaum zugänglichen Garten stellt sich die Lage entspannter dar. Hier sind Kompostbehälter unverzichtbar. Damit wäre nicht nur die Frage geklärt, wohin mit den Gartenabfällen, sondern der selbst hergestellte Kompost macht den

Wasser und Strom

Sollten Sie irgendwo im Garten Strom benötigen, sei es für ein Wasserspiel oder für Beleuchtung, so verlegen Sie die Kabel vor Beginn jeglicher Bautätigkeit. Dasselbe gilt für Wasserrohre, wenn Sie eine zusätzliche Zapfstelle benötigen, etwa beim Gewächshaus oder hinter der Garage.
Jetzt ist auch der richtige Zeitpunkt, einen in den Boden eingelassenen Swimmingpool oder Hot Tub einzubauen.

Zukauf von weiteren Bodenverbesserern überflüssig. Die Anschaffung eines Häckslers ist bei einer solchen Gartensituation empfehlenswert.

Stauraum

Für jeden Hausbesitzer ist Stauraum ein wichtiges Thema. Für Gartengeräte ist ein Gartenhäuschen ideal. Geben Sie acht, dass all Ihre Gerätschaften darin Platz finden; andererseits sollte es nicht so groß sein, dass es das Bild des Gartens dominiert. Wo wenig Platz ist, sind Gartentruhen eine hervorragende Alternative.
Häufig gebrauchte Geräte und Dinge wie Komposter, Mülltonne und Regenfass müssen das ganze Jahr zugänglich sein; planen Sie daher Wege und

Die Wunschliste

Überlegen Sie, ob außer Beeten und Rabatten noch weitere Punkte auf Ihre Wunschliste gehören:

- ▶ Stauraum (siehe oben)
- ▶ naturbelassene Ecke für Tiere oder Vogelfutterplatz
- ▶ Gemüsebeet (siehe Seite 10/11)
- ▶ Kinderspielplatz (siehe Seite 10, 12, 22)
- ▶ Rasen (siehe Seite 48-54)
- ▶ Sitzplatz (siehe Seite 8-11, 15-17, 55-59)
- ▶ Gartenkunst (siehe Seite 68-71)
- ▶ Gartenbauten (siehe Seite 65-67)
- ▶ Gartenteich (siehe Seite 60-64)
- ▶ Hot Tub oder Swimmingpool (siehe Kasten oben)

5 | Stauraum im Garten ist unerlässlich – hier ist es ein adrettes Häuschen.

6 | Eine Gartenbank darf ruhig auf dem Rasen stehen, denn sie lässt sich problemlos umsetzen.

7 | Wo kein Platz für ein gesondertes Beet ist, verträgt sich Gemüse auch mit Blumen.

8 | Gartenschmuck wie diese Wanddekoration verwandelt eine tote Ecke in einen Blickfang.

9 | In diesem »Bienenstock« verbirgt sich Notwendiges – nämlich ein Kompostbehälter.

5

6

7

8

9

Aus den Augen und doch erreichbar

Automatisch tendieren wir dazu, das Gartenhäuschen ans Ende des Grundstücks zu platzieren - und damit genau auf die Blickachse zu setzen. Wenn Sie es stattdessen nah am Haus unterbringen, fällt es viel weniger ins Auge und ist gleichzeitig besser erreichbar. Wer kleine Kinder hat, steht vor ähnlichen Überlegungen, was die Spielgeräte betrifft, die selten schön anzusehen sind. Allerdings werden diese nicht ewig Teil des Gartens sein. Schaukel und Klettergerüst zu verstecken ist kontraproduktiv, denn man will seinen Nachwuchs im Auge behalten. Bringen Sie die Geräte stattdessen seitlich im Garten unter und lenken Sie gleichzeitig mit einem gezielt platzierten schönen Blickfang davon ab. Denken Sie daran, dass unter Klettergeräten federnder Boden nötig ist.

Die Zier-Kirsche (*Prunus*) 'Shirotae' lässt unter ihrer breiten Krone ein Gartenhäuschen verschwinden. Das Blau-Weiß-Thema der Bepflanzung bindet das Häuschen geschickt in den Garten ein, indem es die Wandfarbe aufnimmt.

Motorisierte Helfer

In einem weitläufigen Garten sind motorisierte Helfer von unschätzbarem Wert. Ein Aufsitzmäher erleichtert die Rasenpflege und lässt sich zudem als Traktor mit Anhänger einsetzen, der weit größere Mengen Schnittgut oder Material bewältigt als eine Schubkarre. Mit dem Häcksler zerkleinerter Strauchschnitt lässt sich kompostieren oder als Mulch verwenden - dies erspart die Fahrt zum Recyclinghof und gibt dem Boden gleichzeitig wertvolle Nährstoffe zurück.

Bei jeglichen Anschaffungen lohnt sich der Weg zum Fachhändler. Robuste Gerätschaften, die Ihre Arbeit planmäßig erledigen, sind ihr Geld wert; mit billigen Geräten spart man nur zu oft am falschen Ende.

wetterfeste Oberflächen so, dass Sie bequem vom Haus dorthin gelangen. Die Unterbringung für den Rasenmäher sollte möglichst nah am Rasen und zudem auf derselben Ebene liegen.

Auch die Fahrräder sollten problemlos erreichbar und auf die Straße zu schaffen sein, und im Sommer wollen wir den Grill in Reichweite haben. Am unkompliziertesten ist ein Gasgrill; dieser kann die ganze Saison oder sogar das ganze Jahr auf der Terrasse verbleiben. Für die Wäsche ist eine Wäschespinne auf dem Rasen oder auf einer befestigten Fläche ideal, denn sie lässt sich im Nu zusammenklappen und wegstellen – doch vergessen Sie nicht, dass sie aufgespannt recht viel Platz benötigt!

Bodenbeschaffenheit

Die Beschaffenheit Ihres Bodens ist aufs Engste mit der Vergangenheit Ihres Grundstücks verknüpft. Ein seit Langem gepflegter Garten wird nur wenige Probleme aufweisen. Einen Garten neu anzulegen kann dagegen eine ziemliche Herausforderung darstellen, besonders in Verbindung mit einem Hausneubau (siehe Seite 154–161).

Bodentest

Der pH-Wert des Bodens auf einer Skala von 1 bis 14 lässt sich mit einem Testkit (oben) oder einem Messgerät bestimmen. Je näher der Wert am neutralen Mittelwert 7 liegt, desto größer ist die Pflanzenvielfalt, die auf dem Boden gedeiht. Saurer Boden hat einen pH-Wert unter 7, bei alkalischem Boden liegt der Wert darüber.

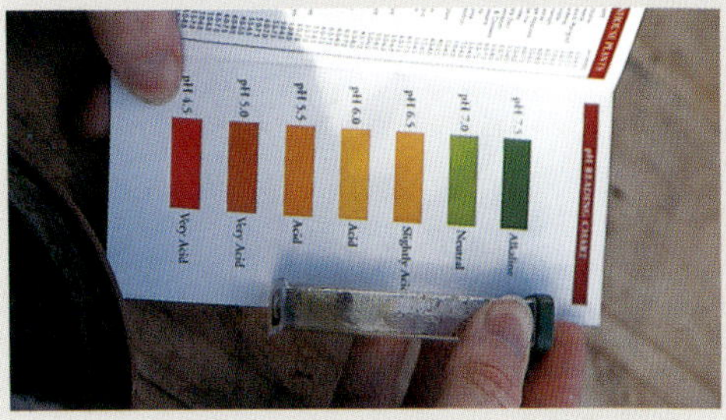

10| Heidekrautgewächse wie dieser wunderschöne *Rhododendron* 'The Hon. Jean Marie de Montague' gedeihen hervorragend auf saurem Boden. Wer hingegen auf alkalischem Boden, also bei einem pH-Wert über 7, gärtnert, sollte diese Pflanzenfamilie – von wenigen Ausnahmen abgesehen – meiden.

Machen Sie bei der Bepflanzung die Bodenart zu einem Hauptauswahlkriterium. So sollten Sie auf jeden Fall den pH-Wert des Bodens kennen, also wissen, wie sauer oder alkalisch er reagiert. Bei niedrigem pH-Wert sprechen wir von saurem Boden, bei hohem pH-Wert von alkalischem Boden. Ein Test lohnt grundsätzlich; es gibt dafür sowohl Testkits als auch Messgeräte (pH-Meter), die einfacher in der Anwendung sind. Überprüfen Sie damit den pH-Wert an verschiedenen Stellen im Garten. Ideal ist ein neutraler bis leicht saurer Boden, denn damit kommen die meisten Pflanzen gut zurecht. Manche Pflanzen jedoch verlangen nach ganz bestimmten Bedingungen: Fast alle Rhododendren und Azaleen (*Rhododendron*), sowie sämtliche anderen Heidekrautgewächse (Ericaceae) - die sogenannten Moorbeetpflanzen - benötigen einen sauren Boden und verweigern sich bei hohen pH-Werten. Einen Hinweis auf Ihren Bodentyp und darauf, was bei Ihnen gut gedeihen dürfte, können die Pflanzen in Ihrer Nachbarschaft liefern.

11 | Bearbeiten Sie den Boden gründlich mit der Grabegabel und lesen Sie sämtliche Unkrautwurzeln aus, bevor Sie mit der Bepflanzung beginnen.

12 | Ein Langzeitvolldünger enthält sämtliche notwendigen Nährstoffe und ist für Neupflanzungen ebenso wie für etablierte Pflanzen - neben einem organischen Dünger - gewöhnlich die beste Wahl. Streuen Sie die Körner rings um den Wurzelbereich aus und arbeiten Sie sie leicht ein.

Bodenverbesserung

Bei kargem Boden lohnen eine gründliche Vorbereitung und Verbesserungsmaßnahmen doppelt. Die meisten Bodenarten lassen sich durch das Einarbeiten von Bodenverbesserungsmitteln und Dünger aufwerten. Dennoch ist es grundsätzlich sinnvoller, Pflanzen zu wählen, die mit den vorhandenen Verhältnissen zurechtkommen, als den Boden komplett dahin gehend verändern zu wollen, dass er zu bestimmten Pflanzen passt.
Ein tiefgründiger, durchlässiger, fruchtbarer Boden, der nie vollständig austrocknet, bietet ideale Wachstumsbedingungen. Tatsächlich jedoch ist kaum ein Garten damit gesegnet. Dennoch können Sie die Bodenbeschaffenheit in nahezu jedem Garten so verbessern, dass den Pflanzen mehr Wasser und Nährstoffe zur Verfügung stehen. Reichern Sie leichte sandige, steinige oder kalkhaltige Böden mit großen Mengen organischem Material an, um ihr Wasserspeichervermögen zu erhöhen. Schweren Lehm hingegen sollten Sie mit organischem Material, grobem Sand und Feinsplitt auflockern, sodass er wasserzügiger wird und sich leichter bearbeiten lässt. Graben Sie den Garten um und entfernen Sie sämtliche Unkräuter, bevor Sie zu pflanzen beginnen. Mehrjährige Wurzelunkräuter regenerieren sich aus winzigen im Boden verbliebenen Wurzelstückchen; für diese ist - soweit für den Hausgarten zugelassen - ein systemisch wirkendes, abbaubares Herbizid die beste Lösung. Bringen Sie es aus,

wenn die Pflanzen in vollem Grün stehen. Bei sehr stark verunkrautetem Land kann eine zweite Anwendung nötig sein. Im ersten Jahr können auch einjährige Samenunkräuter in großer Zahl auftreten. Gegen diese hilft Umgraben. Danach werden erneut Samen austreiben, die schon länger in der Erde ruhen. Erneut hilft Umgraben. Alternativ können Sie sich darauf beschränken, die Fläche zu hacken, sobald neue Sämlinge sprießen.

Bei einem seit Jahren gut gepflegten Gartengrundstück genügt eine Bodenfräse, um die Beete auf die Bepflanzung vorzubereiten. Auf verdichtetem Grund muss allerdings tiefer gearbeitet werden: Ideal ist doppelt spatentiefes Umgraben (Holländern), um auch den Unterboden aufzubrechen.

Düngergaben

Die meisten Böden enthalten bereits ausreichend Nährstoffe; optimale Ergebnisse erzielen Sie, wenn Sie ergänzend einen Langzeitvolldünger mit Spurenelementen einsetzen. Die drei Hauptbestandteile sind Stickstoff (N) für die Bildung von Trieben und Blättern, Phosphor (P) für Wurzelbildung und das gute Einwachsen und Kalium (K) für die Bildung von Blüten und Früchten. Die Mengenverhältnisse dieser drei Hauptkomponenten sind normalerweise auf der Verpackung in der Reihenfolge N:P:K angegeben. Überlegen Sie, was Sie von den Pflanzen erwarten, die Sie ziehen, und wählen Sie Ihren Dünger entsprechend. Rosen beispielsweise benötigen viel Kalium für Blütenreichtum und Stickstoff für gesundes Laub. Einem neu gepflanzten Gehölz hilft phosphorbetonter Dünger beim Einwachsen. Ist auf der Verpackung 7:7:7 angegeben, enthält der Dünger von jedem Bestandteil die gleiche Menge. Spurenelemente sind Nährstoffe, die in geringerer Dosis für gesundes Wachstum, kräftige Blattfarbe und andere Eigenschaften der Pflanze sowie für ihren Stoffwechsel notwendig sind.

In dicht besetzten Gartenbeeten muss manchen Pflanzen mit zusätzlichen Nährstoffen geholfen werden. Rosen (*Rosa*) profitieren von jährlichen Spezialdüngergaben.

1

Designprinzipien

Das Ziel der Gartengestaltung ist ein gefälliger Anblick – eine einladende Landschaft, mit und in der man leben möchte. Die Erkenntnis, wie dies am besten zu erzielen sei, ist allerdings nicht immer leicht zu erlangen. Gewiss spielen persönlicher Geschmack, Stil und individuelle Bedürfnisse bei den nötigen Entscheidungen eine große Rolle, doch es gibt auch eine Reihe nachgewiesen sinnvoller Designprinzipien, deren Beachtung sich bei der anfänglichen Planung als hilfreich erweist.

Bedenken Sie zunächst die Umgebung, in der Sie wohnen, und den Stil Ihres Hauses. Garten und Haus müssen unbedingt zueinanderpassen. Auch wenn Sie gern eine Idee aus einem Hochglanzmagazin oder von einer Gartenschau verwirklichen würden – fragen Sie sich, wie eine solche Gestaltung in Verbindung mit Ihrem Haus wirken würde. Stimmt die Atmosphäre? Stimmen die Proportionen? Vertragen sich die Pflanzen und Materialien des geplanten Gartens mit den Materialien Ihres Hauses? Nur selten passt hochmodernes Design zum Landhaus, und ein traditioneller Landhausgarten kann sich neben moderner Architektur ausgesprochen seltsam ausnehmen.

1 | Der »Float Garden«, ein Beitrag zur Chelsea Flower Show 2005. So inspirierend Schaugärten auch sind – überlegen Sie gut, ob der Stil zu Ihrem Haus passt.

2 | In einem gut geplanten Garten stehen Freifläche und Pflanzfläche im richtigen Verhältnis zueinander. Einen großen Teil der Freifläche nimmt in dieser Gestaltung Wasser ein.

3 | Eine Rabatte entfaltet nur dann optimale Wirkung, wenn sie ausreichend breit und tief ist. Im Sommer, wenn sich die Stauden zu voller Pracht entwickelt haben, beansprucht dieses Beet optisch viel Raum.

2

3

Ideen sammeln

Bücher, Zeitschriften, Fernsehsendungen und Gartenschauen sind hervorragende Ideengeber, und fremder Leute Gärten ebenso. Schauen Sie sich Grundstücke an, die dem Ihren ähneln: Was hat dort funktioniert? Welche Fehler beobachten Sie? Sobald Sie jene Faktoren zu erkennen beginnen, die zum Gelingen einer Gartengestaltung beitragen, sind Sie auf dem besten Wege zu einer gelungenen eigenen Gartengestaltung oder -umgestaltung.

Größenverhältnisse

Von grundlegender Bedeutung ist das Verhältnis von Freiflächen zu den bepflanzten und bebauten Flächen. Hierbei spielt die Größe des Gartens überhaupt keine Rolle, und es ist vollkommen unwichtig, ob Sie eine Neuanlage oder eine Umgestaltung planen. Die Grundregel lautet: ein Drittel Bepflanzung und Bauten, zwei Drittel Freifläche. Ohne genügend offene Fläche kommen weder die Pflanzen noch die übrigen Gestaltungsmittel optimal zur Geltung.

Wer nur einen kleinen Garten hat, ist beim Gedanken an einen derart großen Anteil an Freifläche leicht frustriert. Allerdings setzt sich diese Freifläche aus diversen Elementen zusammen: Rasen, Kies, Holz- und Pflasterflächen zählen ebenso dazu wie Wasserflächen. In einem winzigen Garten, etwa einem Innenhof, können sogar nackte Mauern die Rolle vertikaler Freiflächen übernehmen, gegebenenfalls unterstützt durch Spiegel oder Trompe-l'oeil-Malerei. Dies gilt jedoch nicht für Gartenbauten wie Pavillons, Lauben, Bögen und Pergolen.

Neben diesen Proportionen sind die Maße von Beeten und Rabatten von großer Bedeutung. In den wenigsten Gärten sind die Beete groß genug und die Rabatten von ausreichender Tiefe. Fast alle Gärtner verschätzen sich, was die endgültige Höhe von Pflanzen betrifft und die Geschwindigkeit, mit der diese erreicht wird. Ein 60 cm tiefer Streifen entlang einer Gartengrenze reicht kaum für eine Kletterpflanze und ein paar zwergenhafte Stauden aus, von Büschen ganz zu schweigen. Ein Beet sollte mindestens 1 m tief sein, und selbst damit bleiben Sie auf Zwergsträucher und niedrigere Stauden beschränkt. Besser ist eine Tiefe von 2 m, noch besser sind 3 m. Für eine maximale Höhenstaffelung der Bepflanzung sind mindestens 3 m^2 nötig.

Höhenstaffelung

Schaffen Sie in Ihrem Garten mit unterschiedlich hohen Pflanzen und Blickzielen eine optimale Höhenstaffelung, denn erst hierdurch wird die Gestaltung richtig attraktiv. Die bodennahe Ebene belegen Pflaster- und Wasserflächen und niedrige Pflanzen – Bodendecker, ein Großteil der Sommerblumen, Zwiebel- und Knollenpflanzen, Zwergsträucher und niedrige Stauden. Die nächste Ebene liegt auf Augenhöhe; diese Dinge haben wir am häufigsten im Blick, vor allem auch von den Erdgeschossfenstern aus. Auf dieser Höhe zeigt sich das Gartenbild besonders farbenfroh und abwechslungsreich, denn hier tummeln sich die meisten Sträucher, Rosen (*Rosa*) und Stauden, niedrige Kletterpflanzen sowie Lilien (*Lilium*) und andere hohe Zwiebelblumen; hinzu kommen Statuen, Gartenkunst, Möbel, Zäune und Tore. Die dritte Ebene

Höhenstaffelung in der Natur

In den schönsten Naturlandschaften belegen Pflanzen und andere Anziehungspunkte alle drei Ebenen: In einer solchen Umgebung fühlen wir uns am wohlsten. Eine überwiegend grüne ländliche Szenerie mit Bäumen, Hecken und Feldern empfinden wir als freundlich und anheimelnd. Eine eher kahle Landschaft ohne jede Höhe mag zwar faszinieren, doch nur selten wirkt sie so einladend, dass man sich dort länger aufhalten möchte.

umfasst alles, was oberhalb unserer Kopfhöhe liegt und den Garten dreidimensional macht: die Bäume, die zugleich Licht und Schatten im Garten beeinflussen, vereinzelte Großsträucher und wenige gewaltige Stauden. Auch Kletterpflanzen an Mauern und Zäunen und - noch auffälliger - an Bögen und Pergolen bevölkern diese Sphäre und sorgen für besonders spannungsreiche Abwechslung. Diese höchste Ebene der Pflanzenwelt bestimmt den Blick aus den Fenstern des Obergeschosses.

Viel zu vielen Gärten fehlt es auf einer der Ebenen an Attraktivität; betroffen ist meist die oberste. Das Resultat ist ein zweidimensionaler, spannungsloser Garten ohne Vertikalität. Ein verbreiteter Grund dafür ist unsere Befürchtung, dass etwas zu groß werden könnte, was vor allem die Bäume betrifft. Und doch passiert dies fast nur dann, wenn unbedacht gewählt oder falsch beraten wurde, denn für jeden Garten gibt es den passenden Baum oder Großstrauch - man muss nur richtig hinschauen (siehe Seite 82-86).

Raumillusion

Je nachdem, wo Sie Ihre Pflanzen und Objekte platzieren und wie diese aufeinander Bezug nehmen, wirkt Ihr Garten größer oder kleiner. Wir neigen dazu, große Pflanzen und Objekte hinten im Garten

Für Überraschung gesorgt

Ein gut angelegter Garten enthüllt nicht alles auf den ersten Blick. Wecken Sie die Neugier des Gartenbesuchers, sodass er Ihr Reich erkunden und weitere Überraschungen entdecken will. Mit sorgfältig platzierten Pflanzen und Einbauten lässt sich dies sogar in einem winzigen Garten bewerkstelligen. Einen größeren Garten können Sie hervorragend in mehrere ineinander übergehende und doch voneinander unabhängig gestaltete »Räume« aufteilen; besonders gut funktioniert dies bei schmalen, lang gestreckten Grundstücken (siehe Seite 148).

4 | Die attraktivsten Gartenszenen entstehen, wenn wir sämtliche Ebenen mit reizvollen Hinguckern besetzen. Dieser Gartenteil von Le Clos du Coudray (Normandie) enthält sämtliche Merkmale einer gefälligen Naturlandschaft, von hohen Bäumen bis hin zu geheimnisvoll tiefem Wasser.

5 | Hohe Stauden im Vordergrund und lichte, die Beetpflanzen überragende Gehölze verleihen dieser Gestaltung Tiefe.

oder Beet zu platzieren und kleinere vorn, doch das ist nicht immer die befriedigendste Lösung. Ein hohes Objekt im Vordergrund lässt den Garten größer und tiefer wirken, sofern es den Blick nicht verstellt. Somit sind gerade für den Vordergrund lockere, durchsichtige Pflanzen eine gute Wahl (siehe Seite 121). Ein ähnlicher Effekt entsteht, wenn Sie im Vordergrund einen Bogen oder eine Pergola errichten – die Sichtachse, die sich beim Hindurchschauen auf ein weiter hinten gelegenes Blickziel ergibt, wird als wesentlich länger empfunden als derselbe Blick ohne Rahmengebung (siehe Seite 65/66).

Blickpunkte sind das A und O eines gelungenen Entwurfs. Sie konzentrieren die Aufmerksamkeit auf sich und lenken so das Auge in bestimmte Bildausschnitte. Solitärgehölze, Blüten und Laubfarben, Kübel, Kunstobjekte, Tore, Bauten – sie alle können diese Rolle übernehmen. Gezielt im Garten platzierte Glanzpunkte dirigieren unseren Blick und beeinflussen spürbar den Eindruck von Raum und Tiefe.

Der Garten von oben

Nehmen Sie bei der Gartenplanung unbedingt den Blick von oben zu Hilfe – ein Fenster im ersten Stock bietet meist die beste Übersicht. Form und Größe der einzelnen Gartenbereiche und ihr gegenseitiger Bezug werden nicht immer deutlich, wenn man mittendrin steht; aus der Höhe ergibt sich ein wesentlich klareres Bild. Auch lässt sich aus diesem Blickwinkel das Verhältnis zwischen Bepflanzung und Freiraum leichter erkennen: Ein Drittel Pflanzfläche, zwei Drittel Freifläche ist eine gute Daumenregel. Wenige große, sorgfältig angelegte Beete wirken wesentlich besser als zahlreiche kleine.

Beetformen

Die Konturen von Rasen, Rabatten, Terrassen, Wegen und Beeten festzulegen, ohne dass das Ganze einen gewollten Eindruck macht, ist manchmal gar nicht so einfach. Merken Sie sich als Faustregel: Eine Gestaltung wirkt umso gefälliger, je schlichter sie gehalten ist. Geschwungene Linien vermitteln Lässigkeit und harmonieren am ehesten mit dem Landhausgarten; ein geometrisches Design hingegen ordnen wir der formalen Gestaltung zu, die besser in ein städtisches Umfeld passt.

Natürlich gibt es Ausnahmen von diesen Regeln. So war der traditionelle Cottagegarten meist formal ausgelegt, mit einem schnurgerade auf die Haustür zulaufenden Weg, der das Grundstück in zwei von breiten Rabatten gesäumte Rechtecke unterteilte. Und doch war sein Gesamteindruck dank der dichten, zufällig wirkenden Bepflanzung weich und ungezwungen.

Lassen Sie die Linien Ihrer Gestaltung nach Möglichkeit nicht parallel zu den Gartengrenzen verlaufen. In viel zu vielen modernen Gärten rahmen

1 | Geschwungene, zwanglose Beete orientieren sich an den Geländekonturen.

schmale Beete entlang des Gartenzauns ein Rasenrechteck, womit sie die Aufmerksamkeit nur umso stärker auf die Grenzen lenken. Gut funktioniert eine solche Aufteilung jedoch in einem kleinen abgeschlossenen Raum, beispielsweise einem Hofgarten, in dem auch die Mauern Teil der Gestaltung sind.

Vermeiden Sie gekünstelte Schwünge, die nichts zur Gestaltung beitragen. So verführerisch der wellenförmige Beetrand sein mag, der auf dem Papier noch hübsch daherkommt - spätestens nach der Umsetzung wirkt er unbeholfen und unnatürlich.

Die Rolle der Pflanzen

Auf den Eindruck, den ein Garten macht, übt die Bepflanzung gravierenden Einfluss aus, denn nicht selten bricht diese die klaren Linien und Formen des Layouts. Es gibt wunderschöne Gärten, in denen formale Geometrie und informelle Bepflanzung kombiniert sind. So zeichnen sich viele der vom Beginn des 20. Jahrhunderts stammende Entwürfe des Architekten Edwin Lutyens und der Pflanzenkennerin Gertrude Jekyll durch einen geometrischen Grundriss aus, gepaart mit dramatischer, üppiger Bepflanzung. Auf ähnliche Weise dient Vita Sackville-Wests überbordende Pflanzenfülle im Garten von Sissinghurst Castle (Kent) als Weichzeichner für Harold Nicolsons formale Anlage. Beide Designduos unterteilten dabei weitläufige Grundstücke in überschaubare, formal gestaltbare Räume.

Umsetzbarkeit

Vergessen Sie über all Ihren Plänen nicht deren Umsetzbarkeit: Wie werden Sie alles bauen? Sind die Materialien, die Ihnen vorschweben, für die von Ihnen anvisierten Formen überhaupt brauchbar? Viele praktische Probleme lassen sich ganz einfach umgehen. So können Sie rechteckige Platten auch ohne Zuschnitt um die Kurve verlegen, wenn Sie die am Rand verbleibenden Lücken mit Kies oder Ziersplitt füllen oder mit Polsterpflanzen überspielen.

2 | Zwar verlaufen die Beete in diesem kleinen formalen Garten parallel zur Grundstücksgrenze, doch dank der üppigen Bepflanzung und des unübersehbaren Blickpunkts in der Rasenmitte ist die Gestaltung mehr als gelungen.

3 | Ein gerader Ziegelweg führt zwischen breiten Anpflanzungen hindurch, deren Grundform unter der sommerlichen Pflanzenfülle überhaupt nicht mehr erkennbar ist.

Sicht- und Blickschutz

Fast jeder Garten benötigt einen irgendwie gearteten Sichtschutz, sei es ganz entlang der Grundstücksgrenzen oder aber um Teilflächen. Die Gründe sind ganz unterschiedlich und reichen von einer Abgrenzung zum Nachbarn und Schutz vor Eindringlingen bis hin zur Aufteilung in kleinere »Räume« oder aber zum Kaschieren eines unschönen Anblicks, ob innerhalb oder außerhalb des eigenen Gartens. Mit welchen Mitteln ein solcher Sichtschutz oder eine solche Unterteilung vorgenommen wird, hat gravierenden Einfluss auf die Atmosphäre des Gartens.

Bevor Sie Ihr Grundstück mit einem Zaun oder einer raschwüchsigen Hecke vor Blicken und Eindringlingen schützen, sollten Sie sich über die Konsequenzen Gedanken machen. Häufig nimmt eine blickdichte Abgrenzung dem Grundstück Licht und Luft; der Garten wirkt klaustrophobisch, und der Blick auf schöne Aussichten wird verstellt. Nicht selten stellen einige strategisch platzierte Pflanzen, kombiniert mit einem für Blicke durchlässigen Zaun für die nötige Sicherheit eine vollkommen überzeugende Alternative dar.

Zäune

Rein zweckmäßige Zaunelemente aus dem Baumarkt sind selten sonderlich attraktiv und gerade in einem jungen Garten ausgesprochen unübersehbar. Ansehnlicher wird ein billiger Zaun, wenn Sie eine Hecke davorsetzen – Hainbuche (*Carpinus betulus*) 🏆, Rot-Buche (*Fagus sylvatica*) 🏆 oder Auslesen des Riesen-Lebensbaums (*Thuja plicata*) bieten sich an. Die bessere Wahl ist vielleicht dennoch ein attraktiver, hochwertiger Zaun, zusätzlich verschönert mit der einen oder anderen Kletterpflanze. Wo ein blickdichter Zaun eine unübersehbare Grenze darstellt, würde häufig bereits ein stabiles Rankgerüst oder ein Staketenzaun, durch den man hindurchschauen kann, genügen. Auch hiermit ist das Grundstück weniger gut einsehbar, und doch fühlt man sich nicht eingepfercht. Ein Kompromiss sind Zaunelemente, die unten blickdicht und oben als stabiles Gitter ausgeführt sind; trotz ihrer Höhe wirken diese relativ leicht. Einen bereits vorhandenen, stabilen Bretterzaun, der für Ihre Bedürfnisse zu niedrig ist, müssen Sie nicht zwingend ersetzen – schauen Sie, ob sich zusätzlich Rankelemente darauf montieren lassen.

Die vollkommen blickdurchlässigen Maschendrahtzäune und Doppelstabmatten wirken rein zweckmäßig und wenig anheimelnd, verhindern jedoch, dass Tiere in den Garten hinein- oder aus ihm hinausgelangen. Eine grundlegende Veränderung erfahren sie, sobald man sie als Stütze für Sträucher wie Feuerdorn (*Pyracantha*) oder Zwergmispel (*Cotoneaster*) verwendet oder mit immergrünem Efeu (*Hedera*) berankt: Ganz in Grün gekleidet verwandeln sie sich in einen ebenso attraktiven wie effektiven lebenden Sichtschutz (siehe auch Seite 147).

Mauern

Mauerwerk ist eine teure Option, denn die Herstellungskosten sind enorm, und so wird heute kaum ein neuer Garten komplett ummauert. Man trifft

1 | In einem großen Garten können Sie Räume mit Hecken abteilen und umschließen; dies garantiert Sichtschutz und macht es möglich, weniger attraktive Elemente vor den Blicken zu verbergen.

2 | Rankgitter lockern die große Mauerfläche auf und verleihen Kletterpflanzen und Mauersträuchern Halt.

3 | Ein Rankgitter als Zaunabschluss ist ideal für Schlingpflanzen wie duftendes Geißblatt (*Lonicera*).

4 | Der klassische Eisenzaun auf einem efeuüberrankten Mäuerchen kostet den Garten weder Platz noch Licht.

1

2

3

4

5

5 | Sandfarbener Putz verwandelt eine schlichte Betonsteinmauer in einen eleganten Beethintergrund.

6 | Eine Buchenhecke (*Fagus*) als Raumteiler wird selbst zum Blickfang, denn zu jeder Jahreszeit präsentiert sie sich anders. Besonders schön fängt sich das Licht der tief stehenden Wintersonne im kupferbraunen Laub.

7 | Der immergrüne Kletternde Spindelstrauch (*Euonymus fortunei*) 'Emerald 'n' Gold' lehnt sich an einen rustikalen Holzzaun.

6

7

höchstens einmal auf ein niedriges Mäuerchen entlang einer kurzen Grundstücksgrenze, auf Böschungsmauern oder gemauerte Hochbeete.
Eine niedrige, maximal 1 m hohe Mauer ist der perfekte Sockel für einen Staketenzaun oder für Rankelemente. Besonders elegant ist die Ausführung mit Mauerpfeilern zur Befestigung der Holzelemente. Eine wirkungsvolle, bezahlbare Alternative stellt bei moderner oder mediterraner Gartengestaltung auch eine farbig verputzte Betonsteinmauer dar; hierzu passt gelaugtes, naturbelassenes oder auch farbig lasiertes Holz.
Jede Mauer muss frostfrei gegründet sein. Dazu benötigt sie ein gar nicht so schwierig herzustellendes Streifenfundament aus Beton auf Schotterunterbau - übrigens eine gute Gelegenheit, um aus dem Garten entfernten Schutt wie Ziegelsteine und Betonreste loszuwerden.

Hecken

In einem größeren Garten ist es häufig nicht nur aus gestalterischen Überlegungen sinnvoll, Unterteilungen vorzunehmen, sondern auch aus praktischen Gründen. Hecken und Rankgitter lassen individuelle Gartenräume entstehen, und weniger attraktive Gartenbereiche werden vor dem Blick verborgen (siehe Blickpunkte rechts).
Bedenken Sie, dass Hecken im Garten Platz beanspruchen. So klein und harmlos ein im Container gezogenes Heckensträuchlein nach dem Auspflanzen auch aussehen mag - sobald es ein wenig in die Jahre gekommen und entsprechend in die Breite gegangen ist, belegt es einen gehörigen Teil der Gartenfläche. Außerdem verlangt eine Hecke nach Nährstoffen, Wasser und Licht, was grundsätzlich auf Kosten anderer Pflanzen geht. Ein vergleichbarer Sichtschutz lässt sich auch mit einer schönen Kombination locker angeordneter Immergrüner erzielen, die mehr zum Gesamteindruck beitragen und nicht regelmäßig geschnitten werden müssen (siehe Seite 87-90). Kalkulieren Sie das Breitenwachstum der Hecken bei der Unterteilung des Grundstücks sofort mit ein, damit die einzelnen Räume später nicht unbenutzbar werden.

Bäume

Häufig soll der gewünschte Sichtschutz verhindern, dass Nachbarn aus ihren Fenstern Einblick in den Garten haben. Auch bei eingewachsenen Gärten kann dies nötig werden, wenn beispielsweise nebenan ein Anbau entsteht oder eine Bebauungslücke geschlossen wird. Ein immergrüner Großstrauch oder eine Konifere scheint zunächst

Adrette Hecken

Verlangt die Gestaltung nach einer formalen, sauber geschnittenen Hecke, so wählen Sie dafür eine der endgültigen Höhe angemessene Heckenpflanze und bringen Sie diese von Anfang an regelmäßig in Form. Warten Sie nicht mit dem ersten Schnitt, bis die Pflanze höher und breiter geworden ist als gefordert, denn das Resultat wäre eine lückige Hecke mit dicken Ästen. Nur bei frühzeitigem Schnitt entwickeln sich die Sträucher zu einer dichten Hecke (Heckenpflanzen siehe Seite 87-90).

Blickpunkte

Ablenkung hilft oft mehr, als ein unattraktives Objekt oder einen unschönen Bereich kaschieren zu wollen. Wo etwas Interessantes den Blick festhält, verliert der Schandfleck seine Wirkung. Dieser Hingucker kann eine Statue sein, ein Kübel, ein Solitärgehölz oder ein bauliches Element, und der beste Platz dafür ist im Vordergrund. Der Störenfried braucht nicht dadurch verborgen zu werden, denn das Auge konzentriert sich so sehr auf das attraktive Objekt, dass sich das garstige im Hintergrund verliert.

die logische Antwort zu sein, doch haben diese den Nachteil, dass sie vor allem unten ausladend gebaut sind, während das eigentliche Problem in der Höhe liegt. Tatsächlich ist ein Laubbaum oft die bessere Lösung. Er wirft zwar zum Winter seine Blätter ab, doch sein Astwerk bleibt als durchsichtiger und dennoch wirksamer, attraktiver Sichtschutz erhalten. Manche Bäume treiben eher aus, andere behalten ihr Laub länger, beispielsweise die Chinesische Birne **(*Pyrus calleryana*) 'Chanticleer'** 🏆 (siehe Seite 152) und der Rotdorn **(*Crataegus laevigata*) 'Paul's Scarlet'** 🏆, siehe Seite 83). Im Gegensatz zur ebenso praktischen wie raschwüchsigen, blickdichten Konifere bietet der Laubbaum einen bewegten, veränderlichen Anblick.

Unansehnliches

Unvermeidliche Dinge geraten im Garten leicht zum unerwünschten Blickfang, wenn wir sie nicht raffiniert verbergen. Stellt man jedoch bereits in der Anfangsplanung Überlegungen an, wie sie dem Blick entzogen werden könnten, können wir sie so ins Konzept integrieren, dass sie kaum ins Auge fallen. Ist es unumgänglich, dass die Regentonne an prominenter Stelle steht, lohnt die Investition in ein klassisches Holzfass. Auch ein gut gemachter hölzerner Kompostbehälter fällt weniger auf als die Alternative aus Kunststoff - erst recht, wenn er, von passenden Pflanzen abgeschirmt, im Gemüsegarten steht.

Naturmaterialien

Kompostbehälter und Regentonnen wirken weniger störend, wenn Sie sie mit Weiden- oder Schilfmatten umwickeln. Solche Matten sind nicht teuer und lassen sich problemlos befestigen. Sie fügen sich wesentlich besser in die Gartenumgebung ein als der Kunststoff, aus dem die Gartenhelfer oft bestehen.

Die Deckel von Abwasserschächten sind grundsätzlich problematisch und scheinen sich grundsätzlich am ungünstigsten Platz zu befinden: mitten im Vorgarten oder in der Einfahrt. Den vorhandenen Deckel kann man durch gusseiserne Dekodeckel oder spezielle Rahmen ersetzen, in die sich zur Umgebung passendes Pflaster verlegen lässt. Eine andere Möglichkeit wäre, einen Kübel oder ein Vogelbad darauf zu platzieren. So wird der unansehnliche Deckel zum Blickpunkt und bleibt zugleich zugänglich. Gerätehäuschen und Schuppen werden gern falsch platziert, nämlich genau am Ende des Gartens. Da der Blick vom Haus automatisch dorthin geht, gerät der Stauraum zum Mittelpunkt der Aufmerksamkeit. In Hausnähe hingegen wäre er nicht nur besser erreichbar, sondern auch viel weniger auffällig und leichter in den Gesamtplan zu integrieren. Auch die Mülleimer benötigen einen Platz in Hausnähe. Es gibt für sie Folien mit verschiedenen Bildmotiven, um sie aufzuhübschen. Allerdings werden die Tonnen dadurch vor allem auffälliger - lassen Sie daher lieber die Finger davon. Besser ist ein hölzerner Paravent oder ein immergrüner, gut in Form zu haltender Strauch als Sichtschutz, etwa die Europäische Eibe **(*Taxus baccata*)**. Wo für einen Strauch kein Platz ist, wäre ein festes Rankgitter mit großblättrigem Efeu **(*Hedera*)** eine weitere Alternative. Eine andere Lösung stellen dekorative Müllboxen aus Holz oder Metall dar, die es auch mit bepflanzbarer Abdeckung gibt.

8 | Eine Rankwand mit großblättrigem Kolchischem Efeu (*Hedera colchica*) 'Sulphur Heart' und *Lonicera similis* var. *delavayi* verdeckt den dahinter befindlichen Öltank komplett.

Der Entwurf

Wenn Sie die Ideen für Ihren Garten zusammengetragen haben, sollten Sie sich die Zeit nehmen, Ihren Entwurf mit Papier und Bleistift als einfachen maßstabsgerechten Plan festzuhalten. Wie Sie danach weitermachen, hängt davon ab, ob Sie alles selbst bewerkstelligen wollen oder es vorziehen, einen Garten- und Landschaftsbauer hinzuziehen.

So mancher praxisorientierte Garten- und Landschaftsbauer wird kein Problem damit haben, sich anhand Ihrer selbst gefertigten Skizze an die Arbeit zu machen. Wollen Sie dennoch auf Nummer sicher gehen, lassen Sie eine professionelle Zeichnung mit detaillierten Angaben erstellen. Egal, wofür Sie sich entscheiden – die nicht bis ins Letzte kontrollierbare Pflanzenwelt hält oft noch eine Überraschung bereit, doch gerade dies ist das Faszinierende am Garten.

Eine Bestandsaufnahme

Zeichnen Sie als Erstes einen Plan von den Gegebenheiten auf Millimeter- oder Rechenpapier. Wählen Sie einen möglichst großen Maßstab; 1 cm = 1 m (1:100) ist ideal. Am einfachsten lässt sich natürlich ein exakt rechteckiges Grundstück darstellen, das allerdings nicht die Regel ist. Messen Sie mit einem langen, stabilen Maßband zunächst das Haus und dann die entferntesten Grundstücksecken aus, und führen Sie von den verschiedenen Fixpunkten aus Kontrollmessungen durch. Sollte sich unter Ihren Hausunterlagen ein Grundstücksplan befinden, können Sie natürlich auch diesen kopieren.
Zeichnen Sie als Nächstes sämtliche vorhandene Elemente ein, die erhalten bleiben sollen: Bäume und Sträucher, vorhandene Gartenbauten, aber auch Störendes wie etwa Kanaldeckel. Sinnvoll ist es, darüber hinaus Besonderheiten der Umgebung festzuhalten, beispielsweise den großen Baum in Nachbars Garten, denn dieser wird Ihren Entwurf nicht nur sichtbar ergänzen, sondern sich auch auf Ihre Lichtverhältnisse auswirken.
Tragen Sie schließlich die Himmelsrichtungen ein und markieren Sie, wo es zu welchen Tageszeiten sonnig ist und wo permanent schattig.

Der neue Plan

Sind Sie mit Ihrem Plan der Gegebenheiten zufrieden, so beginnen Sie, Ihre Ideen einzuzeichnen. Sinnvoll ist es, dies auf Pauspapier zu tun, das Sie über den ersten Plan legen, um dann unterschiedliche Optionen durchzuspielen. Stellen Sie sich bei jedem neuen Element vor, wie es aus unterschiedlichen Blickwinkeln wirken wird: beim Blick aus dem Haus (vergessen Sie die Fenster im Obergeschoss nicht), von den Sitzplätzen im Garten, vom Gartentor aus, beim Blick zurück zum Haus.
Machen Sie den Entwurf auf keinen Fall zu kompliziert. Klare Linien und Formen bewähren sich immer am besten, denn gerade beim Design gilt: »Weniger ist mehr.« Die Detailgestaltung kommt später, mit den Pflanzen, die auch die schärferen Linien des Layouts mildern.

Der Plan in 3-D

Im nächsten Schritt verwandeln wir die Skizze in ein dreidimensionales Bild. Könnte ein Baum oder ein hoher Strauch an jenem Platz die Fenster des Nachbarhauses verdecken? Wo wird die Gartenlaube besser wirken, am Ende des Gartens oder aber seitlich? Wie würde sich eine Pergola über der Terrasse machen?
Vor allem dann, wenn ein vorhandener Garten verändert werden soll, lassen sich solche Fragen am einfachsten mit einer kleinen fotografischen Bestandsaufnahme beantworten. Wie gut Sie fotografieren, ist vollkommen egal – machen Sie Aufnahmen aus sämtlichen Blickwinkeln, aus denen Sie Ihren Garten normalerweise sehen, und zwar je mehr, desto besser. Entwickeln Sie dabei keine künstlerischen Ambitionen – knipsen Sie einfach drauflos. Sie werden überrascht sein, was Sie alles auf den Fotos entdecken, was Ihnen vorher nie aufgefallen ist.

Ideal sind Digitalfotos. Drucken Sie die brauchbarsten Aufnahmen mehrmals auf normalem Papier aus, und zeichnen Sie mit einem weichen Bleistift oder Filzschreiber Ihre Ideen ein. Alternativ zeichnen Sie auf Pauspapier, das Sie über Fotoabzüge legen. Diese Übung ist hervorragend dazu geeignet, sich darüber klar zu werden, wie alles zusammenpasst.

Mit dieser Methode lässt sich gut die Größe der vorgesehenen Pflanzen und Bauten verdeutlichen. Vielen Menschen fällt es schwer, Höhen und Breiten einzuschätzen. Gehen Sie in Ihren Garten, messen Sie das eine oder andere aus, und notieren Sie die Maße auf den Fotos. Nun lässt sich leichter beurteilen, wie groß die Elemente sein werden, die Sie neu einbringen wollen: Wenn beispielsweise Ihr Zaun knappe 2 m hoch ist und der Baum, den Sie davorsetzen wollen, in fünf Jahren voraussichtlich 5 m Höhe erreicht, haben Sie einen guten Vergleichswert.

Fotodokumentation

Für die Umgestaltung eines vorhandenen Gartens ist die fotografische Bestandsaufnahme ein wertvolles Hilfsmittel. Legen Sie Pauspapier über die Fotos oder zeichnen Sie direkt auf Papierausdrucken, um zu sehen, wie sich bestimmte Entscheidungen auf das Gesamtbild auswirken. Beachten Sie, was sich rund um ein Gehölz befindet, das Sie entfernen wollen, und was sich dahinter verbirgt. Fotografieren Sie zu jeder Jahreszeit, damit Sie weder die Höhepunkte noch die Tiefpunkte übersehen und um die Wirkung von Licht und Schatten zu verschiedenen Jahres- und Tageszeiten vergleichen zu können.

Skizzen auf Fotoausdrucken: (A) Eine hohe Strauchrabatte würde diesen Zaun kaschieren und eine Verbindung zu den hohen Bäumen im Hintergrund herstellen. (B) Hinter einem hohen immergrünen Strauch wäre die Regentonne unsichtbar. (C) Mit einem strategisch platzierten Baum könnte man die Fenster verdecken und vom Haus ablenken. (D) Immergrüne Sträucher lassen die Mülltonnen verschwinden und das nackte Mauerwerk freundlicher wirken. Ideal wären Sträucher mit duftenden Blüten.

1

Eine Umgestaltung

In jedem Garten kommt einmal der Zeitpunkt, da eine gewisse Überarbeitung nötig wird. Kein Garten steht still – irgendwann wird ein Gehölz zu groß für seinen Standort, und dann muss sich entweder der Garten anpassen oder aber die Pflanze muss weichen. Ähnlich ist die Situation, wenn jemand ein Haus mit etabliertem Garten gekauft hat und gern einige Veränderungen vornehmen würde.

Wenn Sie im Begriff stehen, ein Eigenheim mit Garten zu kaufen, sollten Sie nicht nur das Haus, sondern auch die Außenanlagen genau unter die Lupe nehmen. Die Himmelsrichtung ist wichtig, aber das

1 + 2 | Wer einen Wintergarten anbaut, will auch eine schöne Aussicht haben. Dafür kann eine Gartenumgestaltung nötig werden.

2

3-6 | Dieser schwierige Rasenfleck und die abgewinkelte Stützmauer (3) wurden in eine elegante, von einer schmalen Wasserrinne gesäumte Terrasse verwandelt (4-6). Die Pflanzenfülle in den angrenzenden Beeten und in den Kübeln auf dem Pflaster schmeichelt dem Naturstein und stellt eine Verbindung zum Haus her.

ist nicht das Einzige, was zu bedenken ist. An den vorhandenen Pflanzen und ihrer Gesundheit lässt sich zwar schon etliches ablesen, doch manche Probleme sind nicht leicht zu erkennen, vor allem nicht im Winter. Achten Sie besonders bei schwerem Lehmboden auf hartnäckigen Unkrautbefall, und halten Sie bei einem ländlich gelegenen Garten nach Wildverbiss Ausschau – möglicherweise müssen Sie hier in einen Zaun investieren. Auch bei ausgewachsenen Bäumen und Sträuchern sind oft Pflegemaßnahmen nötig. Seien Sie sich sicher, dass Sie wissen, worauf Sie sich einlassen.

Der gekaufte Garten

»Schöner Garten mit alten Bäumen« – so werben Makler gern für die von ihnen angebotenen Objekte. Doch was sollen wir davon halten? Wird die Bepflanzung unserem Geschmack entsprechen? Bei der Besichtigung sieht der Garten schön aus, doch gilt das auch für die anderen Jahreszeiten? Wie ist es später um farbenfrohe Blüten und Abwechslung bestellt? Die Antwort erfahren wir nur, wenn wir ein Jahr lang mit dem Garten leben und ihn beobachten: Hoffen wir, dass es ausschließlich positive Überraschungen gibt.

Erstes Kennenlernen

Der von Ihnen übernommene Garten mag zunächst nicht Ihrem Geschmack entsprechen, doch wenn Sie ihn eine Weile kennengelernt haben, kann sich Ihre Einstellung zur vorhandenen Gestaltung und Bepflanzung verändern. Ein Gehölz oder ein Charakteristikum, das Ihnen anfangs wenig gefällt, lernen Sie vielleicht schätzen, wenn sich zeigt, wie gut es das Gesamtbild vervollständigt. Manchmal wird ein Gehölz auch dadurch annehmbarer, dass man es harmonisch mit anderen Pflanzen ergänzt. Kombinieren Sie die große gelbgrüne Konifere, die zu sehr ins Auge springt und insgesamt unpassend erscheint, mit auffälligen goldbunten Sträuchern wie dem Kletternden Spindelstrauch (***Euonymus fortunei***) **'Emerald 'n' Gold'** 🏆 oder dem Japanischen Spindelstrauch (***E. japonicus***) **'Chollipo'**, um sie besser in die Bepflanzung einzubinden, und mildern Sie das herausstechende Gelb mit einigen schlichten Immergrünen weiter ab. Auf ähnliche Weise mildern gut gewählte Pflanzen auch unschöne bleibende Strukturen.

Auch ein unansehnlicher und obendrein falsch platzierter Schuppen wird sogleich erträglicher, wenn sich eine hübsche Rambler-Rose wie ***Rosa*** **'Goldfinch'** darüberlegt. Eine leichte Farblasur kann das Bauwerk zusätzlich optisch in den Hintergrund rücken, sodass es sich besser einfügt. Eine weitere Möglichkeit ist ein Baum, der seine Krone über den Schuppen breitet, sodass dieser viel kleiner wirkt.

Mut zur Veränderung

Veränderungen fallen immer dann am schwersten, wenn wir den Garten selbst angelegt haben – schließlich ist er unser Werk. Wir wissen genau, wie viel Mühe wir in die Pflege der Pflanzen gesteckt haben und wie wir uns über die Jahre an ihnen erfreut haben.

Die schwierigsten Entscheidungen betreffen in die Jahre gekommene Gehölze, die ihren Zenit überschritten haben. Alte Sträucher, ob sommergrün oder immergrün, sind strukturgebende Elemente; unterziehen wir sie einem drastischen Rückschnitt, kann es längere Zeit dauern, bis sie wieder ansehnlich sind. Während manche Gehölze nach einer Radikalkur im Nu wieder austreiben, nehmen uns andere die Maßnahme lange bzw. dauerhaft übel. Führen Sie solche Arbeiten nach und nach durch, damit die Aufgabe weniger gewaltig ist und der Eingriff nicht ganz so auffällt.

Übergroße Sträucher

Auch als Heckensträucher geeignete Immergrüne reagieren normalerweise gut auf drastische Schnittmaßnahmen. Vor allem der Kirschlorbeer (***Prunus laurocerasus***) 🏆 (siehe Seite 89/90) und die Portugiesische Lorbeerkirsche (***Prunus lusitanica***) 🏆 können sich nach einem kräftigen Rückschnitt zu schönen Solitären entwickeln. Die Säckelblume (***Ceanothus***) hingegen lässt sich gar nicht gern ins alte Holz zurücknehmen; nicht selten erweist sich ein solcher Eingriff bei ihr als verhängnisvoll. Sinnvoller ist es, diesen raschwüchsigen und bereits in der Jugend eifrig blühenden Strauch direkt durch ein junges Exemplar zu ersetzen.

Die wenigsten Koniferen überstehen einen drastischen Verjüngungsschnitt. Eine geköpfte Lawsons Scheinzypresse (***Chamaecyparis lawsoniana***) macht sich nirgends gut – nehmen Sie sie lieber sofort ganz heraus. Völlig anders jedoch verhält sich die Europäische Eibe (***Taxus baccata,*** siehe auch Seite 87-89), die sich hervorragend in Form bringen lässt. Selbst eine gewaltige Eibenhecke übersteht einen radikalen Rückschnitt bis zum Stamm, sofern dieser nur auf einer Seite ausgeführt wird. Muss ein alter freistehender frühjahrsblühender Strauch wie Forsythie (***Forsythia***), Blut-Johannisbeere (***Ribes sanguineum***) oder Flieder (***Syringa***) verjüngt werden, so nehmen Sie einen Teil der ältesten Triebe auf 60 cm oder noch tiefer zurück.

Tun Sie dies direkt nach der Blüte, damit sich kräftige neue Triebe entwickeln.

Bei Gehölzen, die für ihren Standort schlichtweg zu groß geworden sind und durch einen Rückschnitt ruiniert würden, fällt die Entscheidung am schwersten. Bei der Tulpen-Magnolie (***Magnolia × soulangeana***) steht man besonders häufig vor diesem Problem. Dieser wunderschöne ausladende Großstrauch mit seinem herrlichen Kronenaufbau treibt nach einem Rückschnitt unschöne, viel zu lange senkrechte Triebe. Die einzige Möglichkeit besteht darin, ganze Äste direkt am Boden bzw. direkt am Stamm herauszunehmen. Eine andere Möglichkeit wäre, die niedrigsten Äste ganz zu entfernen, um eine höhere Krone zu erhalten, die sich unterpflanzen lässt.

Hinaus damit!

Einen großen, lange etablierten Strauch zu entfernen kostet einige Mühe. Begehen Sie nicht den Fehler, die Triebe bodennah abzusägen, bevor Sie sich ans Ausgraben der Wurzeln machen. Lassen sie Sie stattdessen wenigstens 1 m hoch stehen. Heben Sie rund um den Wurzelbereich einen breiten Graben aus und durchtrennen Sie sämtliche Wur-

Flieder (*Syringa*) verjüngen

Ein ausgewachsener Flieder kann 5 m hoch werden. In den Strauchgärten des 19. Jahrhunderts wurden diese Blütenbüsche alljährlich auf gleichmäßige 90 cm zurückgenommen. Dieses Vorgehen hat gerade, aufrechte Neutriebe zur Folge, die alle in der Höhe blühen – ideal für den Hintergrund einer Rabatte. Flieder, der so behandelt wird, ist am besten als Kulisse hinter anderen Sträuchern, Rosen und Stauden untergebracht; für zusätzlichen Pepp im Sommer darf eine Kletterpflanze darin ranken.

zeln etwa 60 cm vom Strauch entfernt mit einem scharfen Spaten. Nun sollten sich die verbliebenen Triebstücke als Hebel verwenden lassen, um das Wurzelwerk loszurütteln und schließlich herauszuziehen.

Soll am selben Platz etwas anderes gepflanzt werden, muss so viel Wurzelwerk wie möglich entfernt werden. Bei Bäumen und großen Sträuchern mit hartem Holz, beispielsweise Kirschlorbeer (*Prunus laurocerasus*), kann der professionelle Einsatz einer Wurzelfräse nötig sein. War das Holz gesund, können Sie die Späne kompostieren oder damit Ihre Beete mulchen.

7 | Alte, zu mächtig gewordene Eibenhecken (*Taxus*) vertragen einen Verjüngungsschnitt bis zum Stamm.

8 | Blut-Johannisbeere (*Ribes sanguineum*)

9 | Die Tulpen-Magnolie (*Magnolia × soulangeana*) ist ein Großstrauch, der Schnittmaßnahmen ausgesprochen übel nimmt. Bedenken Sie dies, bevor Sie sich für dieses Gehölz entscheiden.

Vorausplanen

Wenn es mit dem Entfernen eines alten Strauchs ein, zwei Jahre Zeit hat, können Sie mit Glück frühzeitig Ersatz heranziehen. Setzen Sie schon jetzt einen jungen Strauch, der später von dem anderen übernimmt. Raschwüchsige Pflanzen wie Wolliger Schneeball (*Viburnum lantana*), Säckelblume (*Ceanothus* – abgebildet die Sorte 'Concha') oder Kreuzdorn (*Rhamnus*) füllen im Nu die Lücke, die der überalterte Strauch hinterlässt. Ist für einen Ersatzstrauch vorher kein Platz im Beet, kann die Investition in ein größeres Exemplar sinnvoll sein (siehe Seite 159).

Alles andere als Beete

In den meisten Gärten nehmen Beete nur ein Drittel der Fläche ein; zwei Drittel bestehen aus Freiflächen und Einbauten. Pflaster, Rasen und Wasserflächen machen den größten Teil der waagerechten Freifläche aus. Gerätehäuschen, Pergolen, Bögen und Pavillons bringen Höhe und Masse ein, und Accessoires wie Vogelbäder, Sonnenuhren und Statuen setzen Blickpunkte. Gemeinsam bereiten all diese Elemente den Rahmen für die Pflanzen – die eigentlichen Stars der Gartenbühne.

Vor einer schattigen Mauer setzt diese blaue Bank einen unübersehbaren Akzent (Denmans Garden in Sussex).

Der Rasen

In den meisten Gärten nimmt Rasen einen großen Teil der Freifläche ein. Für ein schönes Gesamtbild sind der Zuschnitt und die Gestaltung dieses dominierenden Elements und sein Verhältnis zum übrigen Garten ungemein wichtig. Der Pflege- und Gesundheitszustand sowie die Farbe des Rasens haben einen gewaltigen Einfluss darauf, wie der Garten wahrgenommen wird. Wollen Sie einem zerzausten Garten eine rasche Schönheitskur verpassen, so greifen Sie zum Rasenmäher: Der Gesamteindruck verbessert sich sofort.

Ein quadratisches oder rechteckiges Grundstück erhält durch eine runde oder ovale Rasenfläche ein vollkommen anderes Gesicht als durch einen eckigen Rasen. Um einen abgerundeten Rasen ziehen sich Beete von zunehmender Tiefe, die in den Grundstücksecken eine besonders große Pflanzenfülle gestatten, sodass der Garten weniger kantig erscheint. Mit einer quadratischen oder rechteckigen Grasfläche wirkt der Garten formaler und oft größer, aber auch sachlicher.
Bedenken Sie bei der Entscheidung für eine Rasenform auch die praktischen Aspekte. Ein Rasen will gemäht und gepflegt sein, und die Geräte müssen hin und her geschafft werden. Mit engen Kurven und schmalen, von Beeten gesäumten Rasenwegen stehen Sie in der Gartensaison jede Woche vor denselben Problemen. Bedenken Sie bereits vor der Rasenneuanlage, wie Sie beim Mähen vorgehen wollen. Rollrasen muss bereits zwei Wochen nach dem Verlegen geschnitten werden, eine Neuansaat nach etwa sechs Wochen.
Besonders problematisch sind winzige Rasenflächen. Auch für diese ist ein Rasenmäher mit dem entsprechenden Stauraum nötig. Mit dem Gerät auf engem Raum zu hantieren ist frustrierend und schränkt zugleich die Pflanzenauswahl für die Beete ein, da überhängende bzw. stachelige Sträucher hier nur stören würden und empfindliche Arten leicht beschädigt werden könnten. Erwägen Sie Alternativen zum Rasen wie Pflaster, Kies, Thymian (*Thymus*), Dachwurz (*Sempervivum*) oder niedrige bodendeckende Sträucher.

Rasentipps

- Wenn Sie Ihren Rasen normalerweise sehr kurz halten, probieren Sie es einmal mit einer etwas höheren Mähereinstellung: Das Gras entwickelt eine kräftigere Farbe und bleibt länger grün.
- Bei Trockenheit sterben Rasengräser nicht ab, sondern gehen in Ruhe über. Sobald der Boden feucht genug ist, leben sie wieder auf. Sparen Sie Ihr Gießwasser daher für Rabatten und Gemüsebeete. Sobald das Gras wieder wächst, hilft ihm eine Gabe Flüssigdünger.
- Schaffen Sie einen guten Laubrechen mit gefederten Stahlzinken an. Harken Sie damit Moosstellen aus, sobald sie auftauchen, damit sie sich gar nicht erst ausbreiten.
- Gehen Sie gegen Rasenunkräuter vor. Wenn Sie ein flüssiges Herbizid verwenden, können Sie es gezielt dort einsetzen, wo es nötig ist, anstatt auf dem gesamten Rasen. Oder jäten Sie regelmäßig.

Der Rasenmäher

Ausschlaggebend für das Erscheinungsbild des Rasens ist die Wahl des Rasenmähers. Während der

1 | Ein gepflegter Rasen im Topzustand hat ungemeinen Einfluss auf das Erscheinungsbild des Gartens, sei dieser groß oder klein.

2 | Hier nimmt die perfekt geschnittene Rasenfläche den rechteckigen Zuschnitt des Gartens auf. Sie lässt das Grundstück größer wirken und schafft zugleich das formale Grundthema.

3 | Die kleine zentrale Pflasterfläche aus Naturstein und Klinker macht das Mähen um den Blumenkübel unkompliziert, ohne dass der Eindruck einer durchgehenden Rasenfläche zerstört wird.

1

2

3

Mit dem Mäher bis an die Kante

Unabhängig von Form und Stil des Rasens gilt: Wollen Sie nicht ständig mit der Rasenkantenschere nacharbeiten, müssen Sie bis an den Beetrand mähen können. Es sieht zwar hübsch aus, wenn sich Stauden über das Gras neigen, doch sie behindern die Arbeit: Dies ist einer der Gründe, warum die Beettiefe so wichtig ist (siehe Seite 28).

4

5

6

Gartensaison wird dieser wöchentlich zum Einsatz kommen; Verlässlichkeit ist daher zwingend geboten. Kaufen Sie weder das billigste Gerät noch das kleinste – das wäre Sparen am falschen Ende.

Einen gepflegten Rasen erhalten Sie mit einem Kreiselmäher oder einem Spindelmäher. Der Kreiselmäher ist allgemein leichter zu handhaben, robuster und für den durchschnittlichen Rasen die bessere Wahl. Der Spindelmäher erzielt bei absolut ebenem, feinem Rasen ein hervorragendes Ergebnis.

Für eine größere Rasenfläche empfiehlt sich grundsätzlich ein Mäher mit Radantrieb, sonst wird die Arbeit sehr anstrengend, sollte das Gras einmal höher als üblich stehen. Auch bei geneigtem Gelände empfiehlt sich diese Hilfe, denn mit vollem Fangkorb lässt sich das Gerät nur schwer hangaufwärts schieben. Wer einen weitläufigen Rasen hat, sollte einen Rasenmäher mit möglichst großem Fangkorb wählen, denn es wird anstrengend, wenn man diesen dauernd entleeren muss.

Spezielle Mulchmäher häckseln das Schnittgut sehr fein, um es gleich wieder auf dem Rasen auszubringen. So muss man es nirgends deponieren; allerdings ist das Ergebnis bei sehr feinen Rasensorten nicht optimal. Selbst wenn das Gerät die Schnipsel bis in den Wurzelbereich dirigiert, verbleibt Grasschnitt auf der Oberfläche und setzt sich später an die Schuhsohlen.

Eine gute Entscheidungshilfe ist grundsätzlich der Besuch bei einem Fachhändler für Gartengeräte.

Die Rasenneuanlage

Ein Rasen ist eine gigantische Monokultur aus Tausenden Graspflanzen. In anderen Gartenbereichen machen wir uns über jede einzelne Pflanze Gedanken und berücksichtigen nicht nur ihre individuellen Bedürfnisse, sondern auch die Konkurrenzsituation im Beet. Von ähnlichen Prinzipien sollten wir uns auch bei der Neuanlage eines Rasens leiten lassen. Gründliches Durcharbeiten und Aufbessern des Bodens sind unerlässlich und machen sich später bezahlt. Übereilen Sie die Vorbereitungsphase nicht – was Sie hier an Zeit sparen, müssen Sie später doppelt und dreifach investieren.

Durchlässiger Boden ist eine Vorbedingung für gesunden Rasen. Verbessern Sie schweren Lehm mit scharfem Sand sowie mit Gartenkompost oder kompostiertem Mist; bei leichtem Boden genügt die Zugabe von organischem Material. Arbeiten Sie die Stoffe unter, lassen Sie den Boden eine Zeit lang ruhen, und lockern Sie alles erneut auf. Sollten Wurzelunkräuter austreiben, entfernen Sie diese komplett oder bringen ein für den Hausgarten zugelassenes systemisches Herbizid aus; sollte das Unkraut nach einer Weile nochmals austreiben, wiederholen Sie die Anwendung. Lesen Sie sämtliche Steine aus, da diese sich sonst an die Oberfläche arbeiten und die Klingen des Rasenmähers beschädigen.

Für permanent staunassen Boden ist ein Drainagesystem die einzige Lösung. Ziehen Sie im Zweifelsfall einen Fachmann zurate.

Sehr wichtig ist eine absolut plane Fläche, ob Sie nun säen oder Rollrasen auslegen wollen. Senken und Buckel verschwinden nicht, wenn das Gras wächst – unebener Rasen wird beim Mähen stellenweise skalpiert, während an anderen Stellen das Gras zu hoch stehen bleibt. Nachträgliche Korrekturen sind umständlich, machen Sie es also lieber sofort richtig. Geben Sie dem vorbereiteten Boden Zeit, sich zu setzen – lockeres Erdreich verwandelt sich sonst später in Kuhlen. Bringen Sie etwa zwei Wochen vor dem Säen bzw. vor dem Auslegen des Rollrasens einen Volldünger aus.

Fertigrasen oder Aussaat?

Egal, ob Sie den Rasen aussäen oder Rollrasen verlegen wollen – gehen Sie in puncto Qualität keinerlei Kompromisse ein. Es ist immer wieder erstaunlich, wie viel Geld der Mensch für andere Dinge im Garten ausgibt, etwa für die Möblierung, und wie wenig für den Rasen. Ideale Zeiten für jede Art der Rasenneuanlage sind Frühjahrsmitte und Frühherbst.

Rasensaat ist billiger als Rollrasen, und es gibt eine große Palette unterschiedlicher Mischungen für jeden erdenklichen Zweck. In der Rasenzucht sind große Fortschritte gemacht worden, was vor allem am Bedarf an widerstandsfähigen Gräsermischungen für Sportanlagen liegt. Zum Glück sind viele dieser Spitzensorten auch für den Privatgarten erhältlich. Mit einem Streuwagen lässt sich die Saat besonders gleichmäßig ausbringen. Säen Sie

4-6 | Nur hochwertiger Rollrasen kann sich zum perfekten grünen Teppich entwickeln. Unerlässlich ist auch die sorgfältige Vorbereitung des Untergrunds. Ebnen Sie den Boden mit einer breiten Harke, lesen Sie sämtliche Steine aus und harken Sie die Erde feinkrümelig. Verlegen Sie die Bahnen eng auf Stoß und drücken Sie die Stoßkanten mit der Rückseite der Harke gut an. Stellen Sie sich dabei auf eine Planke, damit Ihr Gewicht weiter verteilt ist und Sie weder die Soden beschädigen noch den Boden verdichten.

Rasenkauf

Bestellen Sie Ihren Rollrasen grundsätzlich bei einem Fachhändler bzw. einer Rasenschule und nicht bei einem Lieferanten, der lediglich eine Wiese kurzmäht und die Grasnarbe abschält. Wählen Sie den Rasen danach aus, wofür Ihr Grasteppich gedacht ist: Wollen Sie ihn in erster Linie anschauen und nur hin und wieder betreten, ist eine feinblättrige, leuchtend grüne Zierrasenmischung genau das Richtige. Soll die Fläche häufiges Betreten und spielende Kinder aushalten, so wählen Sie einen Spiel- und Sportrasen – dieser enthält einen relativ hohen Anteil an strapazierfähigen, kriechenden Weidelgräsern (*Lolium*). Für durchschnittliche Beanspruchung wählen Sie eine hochwertige Mischung aus kriechenden Gräsern und feinem Straußgras (*Agrostis*).

Ein neu gesäter Rasen sollte anfangs eher spärlich erscheinen – so haben die Pflänzchen genügend Platz, um sich gut zu entwickeln.

die gesamte Fläche zunächst dünn in einer Richtung ein und dann noch einmal quer dazu. Gehen Sie später beim Düngen nach demselben Muster vor. Säen Sie nie zu dicht, da sich die Graspflanzen sonst gegenseitig Konkurrenz machen.

Rollrasen sieht sofort fertig aus, ist jedoch wesentlich teurer als die Aussaat. Bei einer größeren Fläche wird das Verlegen sehr anstrengend – überlassen Sie diese Arbeit daher besser einem Profi.

Keimende Gräser und neu verlegte Rasensoden sind durstig – meiden Sie bei einer Neuanlage daher die heiße, trockene Jahreszeit. Trocknet Rollrasen aus, so schrumpft er, und Sie mussen die Lücken zwischen den Bahnen mit Erde füllen. Gründliches Wässern erspart Ihnen diese lästige Arbeit. Damit das Gras keinen Schaden nimmt und sich das Anwachsen nicht verzögert, sollten Sie es unbedingt vermeiden, auf sprießender Saat oder neu verlegtem Rasen umherzulaufen.

Die Verjüngungskur

Rasengräser sind ständigem Stress ausgesetzt. Sie stehen so dicht beisammen, dass sie unablässig um Licht, Luft, Nährstoffe und Wasser konkurrieren; hinzu kommen jahrelange Strapazen und Bodenverdichtung durch Fußverkehr und Rasenmähen. Feuchtigkeit begünstigt Moos, das ebenfalls mit den Gräsern konkurriert und immer dickere Polster bildet, sofern niemand eingreift, bis es schließlich das Gras verdrängt. Lediglich Moosvernichter auszubringen ist keine Lösung, denn dadurch ver-

schwindet es nicht. Aber auch im moosfreien Rasen sammelt sich ein Filz aus abgestorbenen Grashalmen und zwingt die Gräser dazu, immer weiter oben auszutreiben.
Ein vernachlässigter feinblättriger Rasen lässt sich normalerweise regenerieren. Belüften, Vertikutieren, Düngen sowie Maßnahmen gegen Moos und Unkraut bringen schon eine ungemeine Verbesserung. Haben jedoch grobe Gräser dort die Oberhand gewonnen, wo ein feiner Zierrasen gewünscht ist, so gibt es keine Alternative: Das vorhandene Gras muss weichen und durch eine hochwertige Neuaussaat oder Rollrasen ersetzt werden. Bevor ein vernachlässigter Rasen wieder besser aussieht, wird sich sein Anblick zunächst einmal verschlechtern. Und dennoch ist es möglich, eine unschöne Grasnarbe innerhalb von drei Monaten in eindrucksvolles Grün zu verwandeln. Lassen Sie sich jedoch nicht zu Blitzkuren verführen, denn diese wirken nur kurzfristig. Wer auf Dauer einen besseren Rasen will, muss das Problem an der Wurzel angehen.

Belüften (8)

Belüften, auch Aerifizieren genannt, bringt Sauerstoff an die Graswurzeln und verbessert den Wasserabzug. Ganz einfach geht dies mit einer Grabegabel: Stechen Sie sie alle 30 cm mindestens 15 cm tief in den Boden. Für schlecht wasserzügigen Boden ist ein Aerifiziergerät bzw. eine Aerifiziergabel mit scharfen hohlen Stacheln ganz ausgezeichnet. Diese stechen Erdpfropfen aus, ohne dabei den Boden zu verdichten. Diese Arbeit sollte im Nachwinter oder im zeitigen Frühjahr ausgeführt werden. Diverse Aerifizierer kann man kaufen oder mieten. Bei einer größeren Fläche empfiehlt sich der Einsatz von motorisiertem Gerät.

Moos im Rasen (9)

Die richtige Zeit, gegen Moos vorzugehen, ist der Herbst und das zeitige Frühjahr. Damit das Moos durch das Ausharken nicht noch weiter verbreitet wird, ist eine Vorbehandlung mit Moosvernichter sinnvoll. Nicht lange nach dem Ausbringen färben sich die Moospolster schwarz. Harken Sie die abgestorbenen Pflanzenteile mit einem Laubrechen, einem motorgetriebenen Rasenkehrer mit Drahtzinken oder einem Vertikutierer aus. Nur bei extrem

7 | Jeder Rasen profitiert vom Abstreuen – besonders dann, wenn er auf nährstoffarmem, stark durchlässigem Boden sein Dasein fristet.

starkem Befall empfiehlt es sich, als Erstes zu harken, damit der Moosvernichter besser wirken kann.

Vertikutieren (10)

Zum Vertikutieren ist ein motorgetriebenes Gerät am besten geeignet. Die hakenartigen Zinken des Vertikutierers dringen durch Filz und Moos bis auf den Grund und reißen das abgestorbene Pflanzenmaterial sowie einen Teil der Rhizome von Kriechgräsern heraus. So bekommen die feineren, höher wachsenden Gräser mehr Luft und Platz zum Wachsen; gleichzeitig dringt Regen besser bis zu den Wurzeln vor. Vertikutieren Sie im Frühling; sollten Sie vorher Moosvernichter ausgebracht haben, lässt sich das abgestorbene Moos direkt im selben Arbeitsgang entfernen.

Welchen Rasendünger?

Es gibt viele ganz unterschiedliche Rasendünger: solche, die nur Nährstoffe enthalten, solche, die darüber hinaus eine unkrautunterdrückende Wirkung haben, und solche, die mit Moos- und/oder Unkrautvernichter versetzt sind. Wer es mit einem vernachlässigten Rasen zu tun hat, sollte immer nur ein Problem auf einmal angehen und auf Kombipräparate verzichten. Ideal sind diese hingegen für einen gesunden Rasen, in dem sich kaum Moos und Unkraut findet.

Abstreuen (11)

Diese Behandlung bekommt jedem Rasen ganz hervorragend. Streuen Sie etablierten Rasen mit einer Mischung aus gesiebtem Kompost, Sand und bei Bedarf einem entsprechenden Bodenverbesserer ab. Dadurch wird die oberste Erdschicht aufgefrischt, und das Material rieselt in die beim Belüften entstandenen Löcher ein. Der Boden nimmt durch das Abstreuen Dünger besser auf; außerdem kann nun eine eventuell nötige Nachsaat erfolgen. Bei nährstoffarmem, sandigem Boden und auf flachgründigem Kalkboden ist Abstreuen besonders sinnvoll.

Düngen

Die wichtigsten Zeiten zum Ausbringen von Dünger sind der Herbst und das Frühjahr. Die kalibetonte Herbstdüngung bereitet das Gras auf den kommenden Winter vor, sodass es die kalte Jahreszeit gut übersteht. Die Frühjahrsdüngung erfolgt im Anschluss an das Belüften, Vertikutieren und Abstreuen. Für beide Düngungen empfiehlt sich die Verwendung eines Langzeitdüngers; bringen Sie diesen mit dem Streuwagen aus. Am besten sind die speziellen Rasenlangzeitdünger: Sie stellen dem Rasen ihre Nährstoffe sehr gleichmäßig zur Verfügung, und wenn einmal zu viel an eine Stelle gerät, verbrennt das Gras nicht gleich.

Rasenunkraut (12)

Um Unkraut im Rasen kümmert man sich am besten im späten Frühjahr oder Frühsommer. Nach dem Düngen wachsen diese Kräuter nämlich ebenso kräftig wie der Rasen, was sie für Herbizide besonders empfindlich macht. Verwenden Sie ein für den Hausgarten Markenprodukt, und bringen Sie es punktuell mit einer für diesen Zweck reservierten Gießkanne oder einem Sprühgerät auf. Alternativ können Sie die Unkräuter auch sorgfältig ausstechen bzw. jäten.

Nachsaat (13)

Nachdem das Moos entfernt und der Rasen vertikutiert und abgestreut ist, wird häufig die Notwendigkeit einer Nachsaat deutlich. Eine dünn aufgestreute hochwertige Samenmischung macht aus kahlen oder spärlich bewachsenen Stellen im Nu wieder einen schönen, dichten Rasen. Dichter als auf dem Foto sollten die Samenkörner dabei nicht liegen.

Befestigte Flächen

In den meisten Gärten nehmen bleibende Strukturen einen großen Teil der Freifläche ein. Darunter fallen sämtliche befestigten Flächen, Mauern, Zäune, Gartenbauten und andere Einrichtungen. Sich hier für bestimmte Materialien zu entscheiden fällt nicht leicht, denn Dinge wie Pflaster oder Holzdecks werden lange Jahre im Garten verbleiben; zudem sind sie kostspielig und aufwendig einzubauen. Wichtig ist, dass die gewählten Materialien sowohl zum Haus als auch zum Garten passen.

Wer mit dem Garten fertige Pflasterflächen übernommen hat, muss gewisse Entscheidungen treffen, bevor er die übrige Gestaltung in Angriff nehmen kann. Rein praktische, unattraktive Platten werden mit der Zeit nicht schöner – am besten ersetzen Sie sie sofort, auch wenn andere Dinge dann erst einmal warten müssen. Angesichts der gewaltigen Auswahl an Naturstein, Ziersplitt und Kiesen gibt es immer eine bessere Alternative, und der Garten wird dauerhaft davon profitieren.

Nehmen Sie Materialproben mit nach Hause, bevor Sie sich festlegen – nur so können Sie sicher sein, dass Sie die richtige Entscheidung treffen. Beurteilen Sie die Farbe und die Textur im Vergleich zu Ihren Hauswänden. Begutachten Sie das Material in nassem und in trockenem Zustand sowie zu unterschiedlichen Tageszeiten durchs Fenster, und stellen Sie sich eine große Fläche davon vor: Passt es zu dem Gartenstil, der Ihnen vorschwebt? Wird es auch noch nach Jahren schön aussehen?

Pflaster

Pflaster ist vor allem für den Sitzplatz im Garten beliebt, denn auf einer festen, ebenen Fläche stehen Möbel gut und sicher. Industriell gefertigte Platten gibt es von ausgesprochen schlicht bis hin zum eleganten Natursteinimitat. Echter Naturstein kann es übrigens preislich durchaus mit hochwertigem Kunststein aufnehmen.

1 | Diese interessante Kombination von Ziegeln, Feuersteinknollen und Grün verlangt nach regelmäßiger Pflege, damit der Effekt erhalten bleibt.

2

3

4

5

6

7

Qualitativ hochwertige industriegefertigte Platten fallen in jeder Beziehung gleichmäßiger aus als Naturstein. Dennoch sind bei unterschiedlichen Partien aufgrund von Variationen in den Ausgangsmaterialien Farbabweichungen möglich. Wo dies ein Problem darstellt, sollten Sie unbedingt die gesamte benötigte Menge auf einmal bestellen. Bei Naturstein hingegen sind gerade die subtilen Farb- und Texturschwankungen Teil seines Charmes. Natursteinplatten können auch in der Stärke variieren, weshalb eine plane Fläche nicht immer leicht zu erzielen ist; einfacher zu verlegen ist Fabrikware.

Eine Pflasterfläche ist immer nur so gut wie ihr Unterbau. Ohne eine gerüttelte Schotterbasis und eine verdichtete Schicht Splitt geht es nicht.

2 | Mit nach Farben sortierten Kieseln lassen sich auffällige Muster in Zement gestalten.

3 | Verwenden Sie für schwierige Bereiche Kies oder Flusskiesel, damit Sie keine Platten einpassen müssen.

4 | Eine zwanglose Verbindung von Steinplatten und Kies.

5 | Kleinpflaster ist ideal für geschwungene Wege.

6 | Yorkstone ist ein harter Sandstein, der im klassischen englischen Garten sehr beliebt ist.

7 | Sind die Fugen zwischen Kunststeinplatten mit Kies gefüllt, wirkt das Ergebnis weniger förmlich.

8 | Unregelmäßige Schieferplatten und Kiesel sind hier zu einem attraktiven Stufenweg kombiniert. Weich säumt Storchschnabel (*Geranium*) den Pfad und nimmt in seinen rosigen Blüten die Farbe einiger Kiesel auf.

Pflasterplatten

Kleinformatige Pflasterplatten lassen sich leichter heben und verlegen; großformatige Platten sind unhandlicher, reichen dafür aber weiter. Normalerweise sind kleinere Formate für kleinere Bereiche zu empfehlen und größere für große Flächen. Ein reizvoller Größenmix hingegen kann das Bild auflockern und wirkt weniger formal.

Farbkombinationen muten meist gekünstelt und übermäßig bunt an, wenn sie denn überhaupt zueinander passen. Ein Materialmix hingegen kann sehr wohl gelingen: Ziegel mit Natursteinplatten, Kopfsteinpflaster mit Feuerstein oder Kieseln. Pflasterplatten wirken in der Kombination mit Kies weniger hart, und man muss sie nicht zuschneiden.

Bei Pflasterflächen, die rund ums Jahr und bei jedem Wetter als Hauptwegestrecke dienen, ist Trittsicherheit von besonderer Bedeutung. Geschliffene Platten sind bei Regenwetter oft glatt – erst recht im Schatten, wo sich gern Algen ansiedeln. Hier ist eine rutschfeste Oberfläche, die sich leicht mit einem harten Besen oder dem Hochdruckreiniger sauber halten lässt, die beste Wahl.

Vorsicht beim Verfugen!

Für das Verfugen der Platten mit Sand-Zement-Gemisch ist Erfahrung gefordert, denn unsachgemäßes Arbeiten verdirbt das Pflaster nur allzu leicht. Wählen Sie den Sand passend zum Stein; gelblicher Bausand passt nur zu wenigen Pflasterarten. Mischen Sie den Fugenmörtel recht mager an, d.h. zwei bis drei Volumenteile Sand zu einem Volumenteil Zement. Je trockener die Mischung ist, desto eher werden die Platten vor Zementflecken bewahrt. Streichen Sie den Mörtel gut mit der Fugenkelle ein – wird dies nicht korrekt ausgeführt, löst er sich beim Trocknen von dem Stein, und es entstehen Ritzen. Einfacher geht es mit fertig vorgemischtem Fugenmörtel. Dieser wird lediglich trocken eingefegt und schon ist man fertig.

Darauf werden die Platten in ein Sand-Zement-Gemisch verlegt, denn eindringendes Regenwasser würde sie auf reinem Sand mit der Zeit wandern lassen. Pflastern erfordert Übung und Kraft. Vergeben Sie diese Arbeit gegebenenfalls an einen Profi – die Investition lohnt sich.

Sorgen Sie dafür, dass Regenwasser von der gepflasterten Fläche ablaufen kann. Relativ breite Fugen wirken besonders bei Platten mit unregelmäßigen Kanten schöner. Wenn Sie diese Fugen mit Kies statt mit Mörtel füllen, zieht das Wasser problemlos ab, und es bleiben keine Pfützen stehen.

Kies und Ziersplitt

Mit Kies und Ziersplitt können Sie für nicht allzu viel Geld eine befestigte Fläche anlegen. Scharfkantiger Splitt setzt sich recht gut; rundlicher Kies liegt im Vergleich loser. Beide Oberflächen lassen sich durch Harken oder durch das Aufbringen von neuem Material auffrischen. Pflanzen breiten sich liebend gern auf Kies- und Splittflächen aus und lassen sie weicher wirken. Für besonders ordnungsliebende Menschen sind diese Materialien weniger gut geeignet, da sie sich gern einmal in die Beete verteilen (vor allem die kleineren Körnungen). Für Wege, allen voran im Vorgarten, sind sie dennoch sehr empfehlenswert, denn auf Kies kündigen sich Besucher unüberhörbar an. Hinzu kommt die im Vergleich zu anderen Materialien rutschfestere Oberfläche.

Wenn Sie möchten, dass sich auf Ihrer Kies- oder Schotterfläche Pflanzen ansiedeln, können Sie das Material direkt auf dem verdichteten Erdreich ausbringen – Unkraut wird dann natürlich auch dabei sein. Eine festere Fläche erzielen Sie allerdings mit einem soliden Unterbau aus abgerütteltem Schotter. Sollen sich keine Pflanzen entwickeln, so bauen Sie ein Trennvlies (Drainagevlies) ein und darüber nach Möglichkeit eine zusätzliche Lage schluffhaltiges Mineralgemisch; dieses verdichtet sich zu einer Tragschicht, auf der die abschließende Kies- oder Splittschicht relativ fest liegt.

Kies und Ziersplitt

Wählen Sie zurückhaltende Farben, die gut zu Ihren Pflanzen, zum Baumaterial des Hauses sowie zu den übrigen im Garten verbauten Materialien passen. Grober Ziersplitt verteilt sich am wenigsten und setzt sich normalerweise auch nicht ins Profil der Schuhe. Grundsätzlich liegt kantiger Splitt fester als die gerundeten Steinchen der feineren Kiessorten.

Holzbelag

Holzbeläge passen zu moderner Architektur, in küstennahe Gärten sowie in jegliche Umgebung, wo Holz das hauptsächliche Baumaterial darstellt. Auch am Teich im klassischen Landhausgarten macht sich massives Holz gut; in direkter Verbindung mit älteren Häusern jedoch wirkt es eher unangebracht.

Es ist ein Irrtum, mit einer Holzterrasse lasse sich gegenüber einer Pflasterfläche grundsätzlich Geld sparen. Die Holzterrasse benötigt denselben Unterbau, denn eine schlechte Gründung führt schnell zu Problemen. Eine vorhandene Betonplatte oder ebenes Pflaster stellt allerdings einen guten Ausgangspunkt dar: Im Gegensatz zu Stein lässt sich Holz problemlos auf einer vorhandenen Befestigung verlegen und verursacht

dort auch keine Probleme mit dem Wasserabzug. In eher feuchtem Klima und in Schattenlagen kann Holz rutschig werden. Besondere Vorsicht ist im Winter geboten. Achten Sie daher auf gute Pflege, um die Rutschgefahr zu minimieren. Der Bau einer Holzterrasse ist nicht ohne ein gewisses Maß an Erfahrung möglich. Wer nicht die grundlegenden Regeln der Holzverarbeitung beherrscht, sollte einen Profi mit dieser Arbeit beauftragen.

Terrassendielen

Terrassenholz ist dazu auserkoren, jeglicher Witterung standzuhalten: Regen und Schnee, Sonne, Frost und Wind. Wichtig sind hochwertige, richtig imprägnierte Planken in vernünftiger Stärke. Billigeres, dünneres Holz verzieht sich im Nu; es wird unansehnlich und zur Gefahr. Der Aufwand fürs Verlegen ist bei beiden derselbe – lassen Sie sich daher in puncto Holzqualität auf keine Kompromisse ein.

9 | Splitt, Schieferbruch und Kies sind als mühelos einzubauende Alternativen zu Pflaster keinesfalls zu verachten. Zarte Pflanzen unterstreichen den ungezwungenen Eindruck.

10, 11 | Holzdecks passen zu einem modernen Design und lassen sich hervorragend mit Wasser (10) oder Kieseln (11) kombinieren.

Wasser

Wasser holt eine neue Dimension in den Garten. Seine stille, spiegelnde Oberfläche reflektiert Licht und Bilder, sie verleiht der Landschaft zusätzliche Höhe und Tiefe. Fließendes Wasser wiederum bringt plätscherndes Leben ins Spiel. Auch erweitert Wasser den Garten um einen zusätzlichen Lebensraum: Hier können wir Fische und andere Tiere beobachten und Wasserpflanzen und feuchtigkeitsliebende Stauden ziehen. In jedem Garten, und sei er noch so winzig, ist Platz für Wasser.

Jeder Teich sollte zum Stil des Gartens passen und auch größenmäßig auf diesen abgestimmt sein. Das mag selbstverständlich klingen, doch einen Teich zu bauen ist harte Arbeit, bei der große Mengen Aushub anfallen und abtransportiert werden müssen. Markieren Sie den geplanten Umriss mit einem Gartenschlauch oder mit Pflöcken und Schnur, und simulieren Sie den Teich mit einer Plastikplane. Schauen Sie sich nun die Sache ein paar Tage lang an, um festzustellen, ob Form und Größe Ihren Vorstellungen entsprechen.

Jede Wasserfläche, egal wie klein oder seicht, stellt eine potenzielle Gefahr für Kinder und Tiere dar. Wo sich eine Gefährdung anders nicht ausschließen lässt, wäre ein Quellstein eine gute Alternative (siehe Seite 70). Bei einem naturnahen Teich, der besonders viele Tiere anlockt, ist ein flacher Kiesstrand die Rettung für unfreiwillige Badegäste.

1 | Ein altes Boot am Teichufer wird zum romantischen Blickfang.

2 | Seerosen (*Nymphaea*) und Schwertlilien (*Iris*) im Wasser und die durchsichtige Bepflanzung ringsum mildern die Formalität dieses Beckens.

3 | Die Landschaft des Keukenhofs in Holland gewinnt durch Wasser eine besondere Dreidimensionalität.

4 | In dieser modernen Gestaltung führen mehrere offene Holzrinnen das Wasser offen über die Beete.

3

4

Die Platzierung des Teichs entscheidet darüber, ob er sich erfolgreich entwickeln kann oder nicht. Am besten ist eine offene Situation fern von überhängenden Bäumen, die das Wasser beschatten und ihr Laub darüber abwerfen. Sollen Seerosen und Teichrandstauden blühen, ist volle Sonne gefordert. Erstreckt sich der Garten über mehrere Ebenen, so ist zu überlegen, in welcher Höhe der Teich angelegt werden soll: Da Wasser immer bergab fließt, ist der folgerichtige Platz für einen naturnahen Teich auf der untersten Ebene. Wird der Teich auf einer höheren Ebene angelegt, muss das Gartendesign einen Grund dafür hergeben.

Damit ein Bach oder ein Wasserfall natürlich wirken, sind ein überzeugender Anfang und ein logisches Ende notwendig. Dies lässt sich am besten bewerkstelligen, wenn Sie die mit dem Wasser in Verbindung stehenden Pflanzen und Einbauten von vornherein entsprechend planen.

Zierbecken und naturnahe Teiche

Gestalten Sie Ihren Teich passend zu der Linienführung des Gartens. Ein natürlich wirkender Teich harmoniert mit geschwungenen Linien und zwangloser Bepflanzung. Ein formales Becken passt in den formalen Garten, aber auch in eine quadratische oder rechteckige Terrasse, sofern diese sich am Haus orientiert. Ein runder Teich fühlt sich in jeglicher Situation zu Hause.

Mitten auf einem kurz geschnittenen Rasen würde ein Teich mit geschwungener Uferlinie deplatziert und unlogisch wirken. Stattdessen verlangt er nach einem üppigen Pflanzensaum, der der Wasserfläche ein angemessenes Gegengewicht bietet. Ein großer Teich erfordert einen Hintergrund aus kühnen Pflanzen, und zwar nicht zu wenige davon. Eine weite naturhafte Wasserfläche, flankiert von einem Erdhügel mit ein paar Steinchen und noch winzigeren Pflänzchen als Dekoration – das funktioniert nicht.

Wasserpflanzen

Auf Standorte im und am Wasser sind etliche wunderschöne Stauden spezialisiert. Verwenden Sie für Ihre Wasserpflanzen am besten keine Plastikkörbe, sondern die viel besseren Pflanztaschen – diese liegen sicher auf der jeweiligen Stufe auf, und ihr Rand lässt sich beliebig herunterschlagen. Sobald die Pflanzerde mit sauberem Kies abgedeckt ist, verschmilzt alles optisch mit der Umgebung. Verwenden Sie für Wasserpflanzen grundsätzlich nur Teicherde; normale Blumen- oder Kübelpflanzenerde ist ungeeignet.

Nur wenn ein ökologisches Gleichgewicht herrscht, ist der Teich gesund und das Wasser klar. Dafür ist eine gute Mischung von Wasserrand- und Unterwasserpflanzen nötig. Seerosen (*Nymphaea*) und andere Schwimmblattstauden reduzieren die Menge an Sonnenlicht, das in die tieferen Was-

5 | Die Ufer dieses Teichs versinken vollständig unter üppigem Grün.

serschichten dringt und dort Algen wachsen lässt, sodass der Teich sich grün färbt. Sauerstoff spendende Unterwasserpflanzen sind eine Vorbedingung für tierisches Leben. Wasserrandpflanzen wie Schilf (*Phragmites*), Binsen (*Juncus*) und Schwertlilien (*Iris*) haben nicht nur eine wichtige Reinigungsfunktion, sondern bringen mit ihren eindrucksvollen vertikalen Linien luftige Höhe und Bewegung sowie schöne Spiegelungen ins Spiel.

Der Bau eines Folienteichs

Einen kleinen Teich können Sie mit dem Spaten ausheben; für einen größeren ist motorisiertes Gerät angesagt. Es ist erstaunlich, wie viel Erde man aus einem solchen Loch fördert; überlegen Sie daher frühzeitig, wo Sie mit dem Aushub bleiben wollen.

Soll der Teich Fische und Seerosen (*Nymphaea*) beherbergen, ist eine Tiefe von mindestens 90 cm angesagt, damit über einem 30 cm hohen Pflanzkorb noch wenigstens 60 cm Wasser stehen. Seitliche Absätze nehmen Wasser- und Teichrandpflanzen auf, die einen geringeren Wasserstand benötigen. Der Rand des Teichs muss ringsherum auf exakt derselben Höhe liegen, bevor die Teichfolie eingebracht wird – andernfalls bleibt diese nach dem Befüllen stellenweise sichtbar. Das sieht nicht nur unschön aus, sondern setzt die Folie dem Licht aus und lässt sie auf Dauer porös werden.

Überlegen Sie frühzeitig, wie Sie den Teichrand gestalten wollen. Soll er mit glatten Platten abgedeckt werden, müssen diese so weit überstehen, dass die Folie vollständig verborgen ist. Sollen Gras, Kiesel oder Pflanzen das Wasser säumen, muss die Folie in einer Tiefe von mindesten 15 cm unterirdisch nach außen weitergeführt werden. Hierzu legen Sie rings um den Teich eine weitere, mindestens 30 cm breite Stufe an und bringen die Folie erst dahinter ganz nach oben. Diese Ebene wird Ihre Sumpfzone; Sie können sie mit Erde abdecken und bepflanzen oder aber mit Kieseln einen flachen Strand gestalten. Ein derartiges Ufer erscheint besonders natürlich.

Geben Sie den Seiten der Grube eine leichte Schräge, damit sie während der Bauphase nicht abrutschen. Vermeiden Sie vor allem bei kleinen Teichen enge Winkel, denn hierfür muss die Folie in lästige Falten gelegt werden, die sich nur schwer kaschieren lassen. Heben Sie sämtliche Ebenen 10 cm tiefer aus, als der Teich schließlich sein soll, damit Sie die Folie mit einer ordentlichen Schicht Sand unterfüttern können.

Lesen Sie sämtliche Steine aus den Seitenwänden und aus dem Boden aus, denn scharfe Kanten werden der Teichfolie gefährlich, sobald das Gewicht des Wassers darauf lastet. Ist das Erdreich sehr stark mit Steinen durchsetzt, so schützen Sie die Folie mit einer 15 cm starken Sandschicht auf dem Boden und einer 10 cm dicken Schicht auf den Stufen; ziehen Sie diese Schutzschicht an den Seiten möglichst weit nach oben, und sorgen Sie für einen besonders gut gerundeten Übergang von den einzelnen Ebenen zu den Seiten. Vor allem bei sehr steinigem Boden empfiehlt es sich, den Sand mit Schutzvlies abzudecken, damit die Folie geschützt ist, wenn sich Steine nach oben arbeiten (siehe Teichfolie und -vlies, Seite 64).

Entfernen Sie sämtliche Gegenstände aus dem Umfeld der Grube, die der Teichfolie gefährlich werden könnten; breiten Sie dann die Folie lose über das Loch. Lassen Sie Wasser einlaufen. Das Gewicht des Wassers drückt die Folie allmählich hinunter und schmiegt sie an die Seiten an. Dirigieren Sie dabei ständig die Folie, und sorgen Sie dafür, dass sie möglichst wenig Falten wirft. Lassen Sie den vollständig gefüllten Teich ein bis zwei Tage ruhen, damit sich alles setzen kann; erst danach nehmen Sie die Randgestaltung in Angriff.

Ob Ihr Teich ein Erfolg oder ein Misserfolg wird, hängt in großem Maß vom Teichrand ab: Nur wenn Sie diesen sorgfältig gestalten, ergibt sich ein ansprechendes Bild. Wichtig ist auch der Bau der Kapillarsperre, die dafür sorgt, dass später kein Wasser aus dem Teich leckt und der Wasserspiegel plötzlich absinkt.

Der Teich im Fass

Wo für einen richtigen Teich kein Platz ist oder Sicherheitsbedenken bestehen, stellt ein Terrassenteich eine charmante Alternative dar. Ein stabiles halbes Fass, eine Viehtränke, ja sogar ein Mörtelkübel kann diverse Pflanzen bis hin zu Seerosen (*Nymphaea*) beherbergen. Nach einer Weile etabliert sich das Wasser sogar als Lebensraum für Tiere. Frösche und Kröten erlangen über eine hölzerne Rampe Zugang, und ein bis knapp unter die Wasseroberfläche eingesenkter, mit Kies abgedeckter Pflanztopf wird zum Strand.

Diese Wasserrinne erweckt eine leicht erhöhte Pflasterfläche zum Leben. Unbehandelte Bahnschwellen bauen an der Außenkante Höhe auf; der Graben wird erst mit Vlies und dann mit Teichfolie ausgelegt. Geizen Sie dabei nicht mit Material, denn die Folie muss sich an den Ecken sauber einschlagen lassen. Die Wassertiefe in der fertigen Rinne reicht für Zwergseerosen (*Nymphaea*, unten) und Flachwasserpflanzen aus.

Teichfolie und -vlies

Verwenden Sie unbedingt hochwertige Teichfolie mit mindestens zehnjähriger Garantie. Mit billigen Teichfolien sparen Sie am falschen Ende, denn diese sind steif und nicht immer dicht. Geben Sie dem Händler die Maximalmaße des Teichs an (Länge, Breite, Tiefe), denn auf dieser Grundlage berechnet er die Größe der Folie.

Ein Teichvlies zum Schutz der Teichfolie ist eine gute Investition. Ob Sie dieses in einem Stück verlegen oder in mehreren, ist unwichtig – Hauptsache, alle Seiten und Grundflächen der Grube sind abgedeckt. Verwenden Sie Abfallstücke ruhig für eine doppelte Lage auf der Teichsohle und auf den Stufen.

Vorteile der Wasserrinne

Mit einer schmalen Rinne kommen Sie auch dort in den Genuss eines Wasserbeckens, wo eigentlich kaum Platz dafür ist. Auf jeder ebenen Fläche, ob Terrasse oder Rasen, können Sie damit eine raffinierte Sichtachse schaffen. Versetzen Sie das Wasser zusätzlich in Bewegung, so zieht dieses pflegeleichte Element alle Blicke mit sich – bereits eine einfache Pumpe reicht für eine leichte Strömung aus. Die Wasserrinne passt zum klassischen Garten ebenso gut wie zu modernen Entwürfen. Als Abschluss einer Terrasse entrückt sie auf ganz besondere Weise.

Gartenbauten

Ein Gartenhäuschen kann weit mehr sein als ein einfacher Schuppen: Erklären Sie es zum wichtigen Designelement, und machen Sie daraus einen unverzichtbaren Blickfang im Garten. Ebenso geht die Funktion eines Bogens oder einer Pergola über ihren reinen Zweck als Rankgerüst hinaus. Beide Elemente bringen Höhe ein und machen den Garten dadurch interessanter. Andere Baulichkeiten wie Lauben und Pavillons bieten Sitzgelegenheiten, die uns den Garten aus einem ganz neuen Blickwinkel kennenlernen lassen.

Ein flacher Garten profitiert von allem, was ihn dreidimensional erscheinen lässt. Bei Gehölzen dauert es seine Zeit, bis sie so weit herangewachsen sind, dass der junge Garten damit einen etablierten Eindruck macht; selbst bei einem Baum vergehen nach der Pflanzung noch ein oder zwei Jahre, bevor die Krone gewichtiger wird und er seine Rolle ausfüllt. Holzkonstruktionen wie Pergolen und Bögen hingegen bringen sofort ein kontrollierbares Maß an Höhe und Struktur ein; wo Sofortwirkung gefragt ist, sind sie eine ausgezeichnete Wahl. Kletterpflanzen erobern diese Gerüste im Nu – eine Pergola mit einem raschwüchsigen Blauregen (*Wisteria*) beispielsweise beeindruckt innerhalb kürzester Zeit. Lassen Sie die Pergola einen Weg begleiten, oder platzieren Sie sie als Schattenspender über einer Terrasse, die dadurch in einen intimen Raum verwandelt wird. Ein Bogen ist dagegen fast immer als Durchgang konzipiert, als Einlass in einen weiteren Raum. Sowohl Pergolen als auch Bögen gibt es fertig oder als Bausatz zu kaufen. Achten Sie auf eine stabile

1 | Diese raffiniert konstruierte Pergola wurde so platziert, dass eine Sichtachse durch sie hindurchläuft. Pergolen und Bögen verführen grundsätzlich dazu, den dahinter gelegenen Raum zu erkunden – besonders dann, wenn sie das Auge auf einen geschickt gesetzten Blickpunkt lenken.

2

Konstruktion, denn häufig erweisen sich die Pfosten als optisches und faktisches Leichtgewicht. Der Durchgang durch einen Bogen sollte nicht zu schmal sein - denken Sie daran, dass die Öffnung später durch Kletterpflanzen reduziert wird.

Planen Sie mit der Platzierung einer Pergola zugleich deren pflanzliche Begleiter. Eine Pergola wirft Schatten - ideal für sonnenempfindliche Gewächse. Während oben Kletterpflanzen ein dichtes Blätterdach entwickeln, sprießt parallel zum überdachten Weg oder am Fuße der Pfosten eine grüne Oase. So entsteht ein ausgewogenes Bild, das die Pergola als gewachsenen Teil des Gartens erscheinen lässt, nicht wie eine willkürlich aufgepfropfte Konstruktion.

Dasselbe gilt für den Bogen: Ist er in die gewachsene Struktur eingebunden, so wirkt er, als gehöre er genau dorthin; fußt er in nackter Erde oder steht er zwischen niedrigen Pflänzchen, hinterlässt er nur zu leicht einen unbeholfenen, topplastigen Eindruck.

Lauben

Ein problemlos zu platzierendes Gartenelement mit einer konkreten Funktion ist die Gartenlaube, im Prinzip eine überdachte Bank. Sie hat die perfekte Größe für einen kleinen Garten oder für einen intimen Gartenraum. Nett umpflanzt wird sie zu einem hübschen Plätzchen; allein ihr Anblick versetzt uns schon in Sonntagsstimmung. Wohin wollen Sie schauen, wenn Sie darin sitzen: lieber in den Garten oder aufs Haus? Der schönste Platz für die Laube ist oft die seitliche Gartengrenze, mit Blick auf einen Hingucker auf der gegenüberliegenden Seite.

Fertige Lauben gibt es in vielerlei Ausführungen. Wie bei den Gartenmöbeln stehen auch hier unterschiedliche Güteklassen und Macharten zur Wahl. Achten Sie darauf, dass die Laube zum Stil Ihres Gartens passt; zugleich aber sollte sie benutzbar sein. Eine stabile, bequeme Sitzfläche ist daher

Der rechte Platz für Bögen und Pergolen

Bei der Positionierung von Bögen und Pergolen muss eine Grundbedingung erfüllt sein: Die Konstruktion verlangt nach einer Daseinsberechtigung. Sie zieht unsere Aufmerksamkeit auf sich und verlockt zum Erkunden - aber wovon? Es gibt nichts Schlimmeres als einen Bogen über einem Weg, der kein Ziel hat. Eine Besonderheit an seinem Ende - ein Tor, eine Urne aus Stein oder ein großer Kübel - komplettiert gemeinsam mit der Verankerung durch Pflanzen das Bild und verleiht dem Bogen einen Sinn.

Die stabile Pergola

Jede größere Pergola profitiert von gewichtigen Pfeilern und stabilen Trägern. Gertrude Jekyll kombinierte gern Mauerpfeiler und schwere Eichenbalken mit einem Gegengewicht aus Ziegelweg und ausdrucksvoller Pflanzenfülle - ein kaum zu überbietendes Patentrezept. Leichten Holzstützen können Sie mehr optisches Gewicht verleihen, indem Sie sie auf zwei gegenüberliegenden Seiten mit etwas breiteren Brettern verkleiden. Wenn Sie diese Konstruktion dann noch dunkel lasieren, wirkt sie insgesamt massiver.

2 | **Eine solche Pergola mit gemauerten Pfeilern und schweren Holzbalken ist ein Gartenklassiker; das Grün, das sie begleitet und ihre Füße umspielt, verankert die Konstruktion im Garten.**

3 | **Ein von Efeu (*Hedera*) überwuchertes Eisengerüst wird zur lebenden Laube.**

wichtig (Kissen sind dennoch meist unverzichtbar). Praktisch ist auch eine Truhenbank, in der Sie im Sommer Kissen und andere Accessoires zwischenlagern können.

Farbe als Wundermittel

Viele neue oder auch ältere Holzbauten lassen sich durch einen Farbauftrag (oder auch zwei) vollkommen verwandeln. Lauben, Gartenhäuschen und Pavillons sind dazu gedacht, gesehen zu werden und nicht zwischen all dem Grün zu verschwinden. Wählen Sie eine Farbe, die zu Ihrem Gartenstil ebenso passt wie zur Bepflanzung ringsum. Grün bietet sich an, doch hier die richtige Variante zu treffen ist nicht unbedingt einfach. Wählen Sie unaufdringliche, zarte Farben und für den kleinen Garten eher helle Schattierungen. Leuchtende, kräftige Töne passen in den mediterranen Garten und ans Meer, wo die Sonne besonders hell scheint.

Schuppen

Gartenschuppen stellen dringend benötigten Stauraum zur Verfügung und dienen nicht selten dem Handwerker im Haus als Werkstatt. Eines ist sicher: Groß genug sind sie nie. Listen Sie sämtliche Dinge auf, die Sie und Ihre Familie darin unterbringen wollen – Fahrräder, Gartenmöbel, Campingausstattung, Haus- und Gartengeräte, Rasenmäher. Wählen Sie auf jeden Fall eine stabile Konstruktion, die eine lange Lebensdauer verspricht und außerdem gut aussieht. Natürlich könnten Sie das Häuschen auch hinter einem Sichtschutz verstecken, doch ein halb verfallener Schuppen ist unansehnlich, und Reparaturen kosten Zeit.

Wo sehr wenig Fläche zur Verfügung steht, sind Gartentruhen und -schränke eine gute Stauraumalternative. Stellen Sie diese an der Hauswand oder an einer Gartenmauer in Hausnähe auf – dort stören sie nicht, und Sie gewinnen wertvollen Platz für Gartengeräte, Stiefel, Spielzeug und ähnliche Dinge. Es gibt hohe Wandschränke, die Sie raffiniert bemalen und beranken können, sodass sie wie ein Gartentor wirken. Für die Terrasse oder einen Gartenhof wiederum ist eine Truhenbank mit ihrer Nebenfunktion als Sitzplatz genau das Richtige.

Der Schuppen: wichtige Punkte

- Vom Wohnhaus aus einsehbare Fenster sind keine gute Idee, denn das Sammelsurium im Schuppen ist selten schön anzusehen.
- Eine zweiflügelige Tür ist eine Überlegung wert, wenn Sie mit sperrigem Gerät zu hantieren haben.
- Achten Sie darauf, dass der Schuppen einen tragfähigen Boden hat. Bei billigen Gartenhäuschen wird gern an der Unterkonstruktion gespart; dies könnte irgendwann zum Problem werden.
- Behandeln Sie das Holz mit Holzschutzlasur in einer Farbe Ihrer Wahl. Dunkle Holztöne haben den Vorteil, dass sie nicht ins Auge springen und sich gut in die Umgebung einpassen. Helle, leuchtende Farben hingegen ziehen den Blick an und können ein rein funktionales Gebäude unschön in den Mittelpunkt rücken.

Gartenkunst

Gerade so, wie ein Zimmer durch ausgesuchte Accessoires und Bilder auflebt, gewinnt auch ein Garten durch Objekte, die den Geschmack und die Persönlichkeit des Besitzers spiegeln. Gefäße, Statuen, Skulpturen und andere Blickmagnete schenken selbst dem winzigsten Garten Individualität und runden so das Bild ab.

Dekorative Objekte können hervorragend ein bestimmtes Ambiente erzeugen oder eine Thematik hervorheben. Ein Arrangement von Bambus, Ahorn (*Acer*) und Kies erhält durch eine Steinlaterne eine japanische Note. Eine Terrakottamaske an der Wand, eine weinberankte Pergola und ein paar Kürbisflaschen verwandeln eine Terrasse in einen mediterranen Patio. Ein gewundener Kiesweg mit einigen großen Kieselsteinen und schilfartigen Pflanzen beschwört im Nu ein Flussbett herauf, und ein altes Boot oder die Andeutung eines Bootsstegs komplettieren das Bild.

Mit einem Blickmagnet können Sie außerdem das Auge gezielt in eine bestimmte Richtung lenken. Leidet ein Garten unter einem Schandfleck, so sind wir instinktiv versucht, diesen Anblick zu kaschieren. Steuern Sie stattdessen mit einem Hingucker – einer schönen Statue, einem auffälligen Kübel, einer Vase oder einem Obelisken – die Blicke in eine Richtung, die Sie selbst festlegen. Machen Sie dieses Objekt zum attraktiven Mittelpunkt Ihrer Bepflanzung.

Der Kontext

Stimmen Sie Gartenornamente grundsätzlich auf den Standort ab, und achten Sie darauf, dass sie in Farbe und Textur zum architektonischen Umfeld passen – den Klinkern des Hauses, dem im Garten verbauten Naturstein. Gerade hier ist es äußerst wichtig, dass eins zum anderen passt (siehe Seite 70/71: »Die Materialien«). Das Erfolgsgeheimnis lautet »klassisch schlicht«. Auch der Preis hat keinen Einfluss darauf, ob die Gestaltung gelingt – entscheidend sind das Objekt selbst sowie sein Kontext. Ein Gartenornament schafft einen wichtigen Fokus, es setzt ein Ausrufungszeichen zwischen Stängel und Blattwerk. Beachten Sie bei der Wahl des Standorts, dass der Zweck des Objekts darin besteht, die Blicke anzuziehen: Stellen Sie es also dort auf, wo sich die Aufmerksamkeit konzentrieren soll, und schaffen Sie eine Umgebung, die es ins rechte Licht rückt. Wenn Sie Ihre Statue oder Vase ungünstig platzieren und ihr keinen rechten Rahmen geben, verpufft jede Wirkung. Eine Sonnenuhr mitten auf einem weiten Rasen muss schon von eindrucksvollen Ausmaßen sein, um auf der gewaltigen Fläche Präsenz zu zeigen, und eine Vogeltränke, die einsam und ohne begleitende Pflanzen am Rande einer Terrasse steht, wirkt nackt und verloren.

Der persönliche Stempel

Für Gartenornamentik brauchen Sie weder ein Vermögen auszugeben, noch müssen Sie sich an die übliche Sonnenuhr, Vogeltränke oder Statue halten. Schauen Sie sich im Handel mit historischen Baumaterialien, beim Trödler und auf Flohmärkten um: Dort finden sich die unterschiedlichsten Artefakte, die sich im Garten in wunderbare Schmuckstücke verwandeln – alte Gerätschaften, verzinkte Gießkannen und Eimer, sogar Dachziegel. Auch Objekte aus der Natur können Sie zu Gartenschmuck deklarieren: Baumstämme, Treibholz, Steine, Kiesel, Muscheln und Schiffstaue wissen alle eine Geschichte zu erzählen. Oder schauen Sie Ihre gesammelten Fundstücke durch, mit denen sich vielleicht sogar Erinnerungen verknüpfen – gruppieren Sie sie thematisch, und ergänzen Sie sie durch passende Pflanzen in darauf abgestimmten Gefäßen.

Im modernen Kontext machen sich Skulpturen aus Altmetall ganz hervorragend – alles, was Sie noch brauchen, ist eine Dose Metallschutzlack. Im Cottage- oder Landhausgarten vermitteln antike Gartenschätze eine Illusion der Reife.

1 | In ein duftiges Beet in Silber, Weiß und Blau setzt dieser klassische Steinpokal einen massiven, unübersehbaren Akzent.

2 | Das prägnante Laub von Bergenien (*Bergenia*) und Funkien (*Hosta*) setzt ein Gegengewicht zu dem wunderbar schlichten Steingefäß und leitet zugleich zur Wasserfläche über.

1

2

Die Materialien

Am Anfang der meisten Gartenornamente aus Stein steht eine echte Skulptur oder ein von einem Steinmetz angefertigtes architektonisches Element; dieses kann ursprünglich Teil eines Gebäudes gewesen oder aber direkt als Gartenschmuck gedacht sein. Von diesem Objekt wird eine Form abgenommen, um darin aus Steinguss, einer Mischung aus zermahlenem Stein und Zement, weitere Exemplare anzufertigen. Je nach Methode wird das fertige Ornament recht bald eine schöne Patina annehmen und somit echtem Stein recht ähnlich sehen oder aber Moosen und Algen keine Chance geben, dafür aber sehr unempfindlich und langlebig sein. Objekte zweiter Wahl können dabei Grübchen aufweisen, die von eingeschlossenen Bläschen herrühren, die Schönheit des Stücks aber nicht unbedingt mindern.

Aus Granit gearbeitete Unikate werden in großer Zahl im Fernen Osten produziert. Für einen Garten mit asiatischer oder moderner Thematik eignen diese sich ausgezeichnet, ebenso für Hofgärten. Je schlichter und einfacher sie sich präsentieren, desto dauerhafter dürften sie gefallen.

Eine glattere Oberfläche weisen die beliebten modernen Skulpturen aus Marmor und Sandstein auf. Mit ihren klaren Linien passen sie in den modernen sowie in den küstennahen Garten, wo Strandkiesel eine schöne Ergänzung bilden. In anderen Gärten müssen sie geschickt mit Pflanzen in ihren Kontext eingebunden werden.

Skulpturen aus Eiche, Teak und anderen langlebigen Hölzern sind oft ebenso haltbar wie Stein; hinzu kommt ihre herrlich gewachsene Anmutung, mit der sie sich besonders gut in ländliche und naturnahe Gärten fügen. Beliebt sind vor allem abstrakte und realistische Darstellungen von Vögeln und anderen Tieren. Im modernen Hofgarten oder auf weitläufigem Gelände haben Treibholzskulp-

Brunnenelemente

Miniaturwasserspiele haben sich in letzter Zeit geradewegs zur Pflichtübung für den kleinen Garten entwickelt, den sie mit ihrem Plätschern und Glitzern zum Leben erwecken. Durchbohrte Steine und glasierte Keramiken werden als Komplettsatz mit Pumpe angeboten; alles, was fehlt, sind Wasser und Strom. Bei vielen Varianten läuft das Wasser über den Stein und versickert zwischen Kieseln in einem unterirdischen Reservoir – die sichere Alternative für den Garten mit Kindern. Solche Wasserspiele sind eine pflegeleichte Alternative zum Gartenteich und besonders gut für den schattigen Garten geeignet, in dem Wasserpflanzen ein mühsames Dasein fristen würden. Nicht vergessen: Den Stromanschluss muss ein Elektriker verlegen!

6

3, 4, 5 | Ein dekorativer Giebelziegel, alte Tontöpfe, eine Wandmaske aus Terrakotta – solche Objekte fallen im Garten auf.

6 | Diese Steingussvögel werden auf die gleiche Weise altern wie Objekte aus gewachsenem Stein.

7 | Das Eichenholz, aus dem dieser elegante Raubvogel geschnitzt ist, stellt eine beständige, naturgewachsene Alternative zu Stein dar: Das Holz verwittert mit schöner Patina und fügt sich ganz ungekünstelt in die natürliche Umgebung ein.

7

turen ihren großen Auftritt; bei diesen können Sie sicher sein, ein Unikat Ihr Eigen zu nennen.
Blei und Bronze sind bewährte Materialien für traditionelle und moderne Gartenornamentik. Blei wird für klassische Statuen, Masken und Kübel verwendet; Bronze ist beliebt für moderne figurative Kunst. Beide Metalle sind nicht billig, aber bedenkenswert, wenn das Stück an sehr prominenter Stelle stehen wird. Eine preiswertere Alternative zur Bronze ist die Kunstbronze, auch als Bronzekaltguss bezeichnet.
Auf Gartenschauen und in Skulpturengärten stellen Künstler die Antiquitäten von morgen aus. Hier kann man häufig eine gute Investition tätigen, doch eine Entscheidung sollte in erster Linie nach dem persönlichen Geschmack getroffen werden, da man viele Jahre damit leben wird. Diebstahlsicherung und Versicherung sind übrigens zwei Gesichtspunkte, über die man sich an dieser Stelle Gedanken machen sollte.

Ausgewogenheit zählt

Jegliche Gartenkunst sollte größenmäßig zu dem dafür vorgesehenen Gartenbereich und seiner Bepflanzung passen. Dennoch muss man sich für einen kleinen Raum nicht auf ein winziges Ornament beschränken, solange dafür gesorgt ist, dass ihm kühne Pflanzen die Waage halten und die Betrachtung aus angemessener Entfernung möglich ist. Achten Sie darauf, dass Sie Ihr Gartenobjekt groß genug kaufen – im Freien wirkt es wesentlich kleiner als vorher im Ausstellungsraum.

Licht im Garten

Nach Einbruch der Dunkelheit verwandeln Leuchten den Garten in eine zauberhafte Nachtlandschaft, die Sie zu jeder Jahreszeit von drinnen betrachten können. An lauen Sommerabenden wird der beleuchtete Freiraum zum beliebten Treffpunkt für Familie und Freunde. Es gibt diverse auf Niedervolttechnik basierende Komplettsets mit Trafo und Leuchten. Wer keinen allzu großen Garten hat und ein wenig mit Licht experimentieren möchte, ohne sich gleich in Unkosten zu stürzen, ist damit gut bedient; für eine dauerhafte Installation im größeren Garten sollten Sie jedoch einen entsprechenden Fachmann zurate ziehen. Mit Solarleuchten können Sie Wege und Stufen unaufdringlich ausleuchten; richtig hell wird es damit allerdings nicht.

Die Bepflanzung

So wichtig Pflasterflächen, Gartenbauten und schöne Objekte sind – zu einem richtigen Garten mit eigener Identität wird der Gartenraum erst durch die Art und Weise, in der dort Pflanzen unterschiedlicher Form, Farbe und Textur kombiniert sind. Im Laufe des Jahres zeigen sich diese von immer wieder anderer Seite; dabei geht mit den wechselnden Jahreszeiten nicht selten ein Rollentausch einher. Bäume dienen als Gerüstbildner auf der obersten Ebene, Sträucher schaffen eine bleibendes Struktur auf Augenhöhe, und Stauden, Einjährige und Zwiebelblüher sorgen auf der untersten Ebene und im Vordergrund für abwechslungsreiche Gestaltung und immer wieder neue Farbe.

Überschwängliche Pflanzenfülle im sommerlichen Garten

Grundregeln der Pflanzenkombination

Ein gelungener Garten wartet zu jeder Jahreszeit mit schönen, abwechslungsreichen Bildern auf. Seine Pflanzen wechseln sich in den Haupt- und Nebenrollen auf der Gartenbühne ab. Dabei muss jede einzelne Pflanze ergänzend und gleichzeitig kontrastierend wirken, und auch in der Größe will alles aufeinander abgestimmt sein. Das übergeordnete Ziel ist ein gefälliger Eindruck.

Die ersten Ziergarten enthielten nur wenige verschiedene Pflanzen; diese wurden beschnitten und geformt, um die Fläche abwechslungsreich zu gliedern. Das Parterre, der Knotengarten, Formschnittgehölze und Hecken entspringen dem Wunsch des Gärtners, mit dem zur Verfügung stehenden Pflanzenmaterial den Gartenraum einzufrieden und ansprechend zu gestalten. Diese Gärten waren im Grunde pflanzliche »Muster« vor dem Hintergrund der Natur oder aber auf einer von Mauern umschlossenen Fläche.

Bis zur Mitte des 19. Jahrhunderts waren in ganz Europa Variationen dieses Gartentyps zu finden. Dann aber bescherten die zahlreichen Pflanzen-

1

Empfehlenswerte Pflanzen für den Formschnitt Europäischer Buchsbaum (*Buxus sempervirens*) · Leylandzypresse (× *Cuprocyparis leylandii*) 'Castlewellan' · Kletternder Spindelstrauch (*Euonymus fortunei*) ·

Abwechslungsreich kombiniert

Nur zu leicht begeht man den Fehler, ausschließlich jene Pflanzen in den Garten zu holen, zu denen man sich unmittelbar hingezogen fühlt, und dabei jene zu ignorieren, die die Show am Laufen halten. Auch wenn Stauden ihre liebste Pflanzengruppe sind: Im Winter ist ihr Beitrag eher unerheblich. Immergrüne Sträucher wiederum mögen zwar unkompliziert sein und wenig Arbeit machen, doch von diesen haben im Sommer die wenigsten Farbe zu bieten. Ein abwechslungsreich bepflanzter Garten kombiniert verschiedene Pflanzentypen, von denen jeder eine besondere Rolle übernimmt.

Der Schlüssel zu interessanten Gruppenpflanzungen liegt in der Abwechslung, die Wuchsformen, Blattfarben und Texturen einbringen. Zierliche Blätter sorgen neben großformatigem Laub für Leichtigkeit (A), und schwertförmiges Laub setzt Akzente zwischen weiche, rundliche Formen (B). Wirkungsvoll sind auch kontrastierende Blattfarben (C), und mehrfarbiges Laub lockert flächiges Grün auf.

funde, die von Pflanzensammlern aus allen Winkeln der Erde zusammengetragen wurden, den eifrigen Gärtnern vollkommen neue Schätze. Exotische, farbenfrohe Blüten, vielgestaltige Blätter, abwechslungsreiche Texturen und die unterschiedlichsten Pflanzenformen brachten ungeahnte Abwechslung in den Garten.

Je umfangreicher die Pflanzensammlungen wurden, desto größer wurde auch die Zahl der Hybriden und Gartensorten; Pflanzen mit außergewöhnlichen Merkmalen wurden gehegt und gepflegt. Besonders gern las man die in der Natur seltenen, hoch geschätzten buntblättrigen Spielarten aus, um sie für die Gärten zu vermehren. Je umfangreicher die Palette der verfügbaren Pflanzen wurde, desto stärker wuchs der Hunger der Gärtner auf weitere Sorten.

Heute, da wir über eine nie gekannte Vielfalt an Gartenpflanzen verfügen, ist unser größtes Problem die Qual der Wahl.

1 | Eine gelungene Pflanzenkombination wartet mit diversen Wuchsformen, Farben und Texturen auf.

Strukturgebende Pflanzen

Ein Garten will gegliedert sein: Eine gute Grundstruktur sorgt das ganze Jahr über für Ordnung, unabhängig von jahreszeitlich aufflammenden Farben und anderen Hinguckern. Zwar kann man den Raum auch mit Mauern, Bauten, Pergolen und Bögen unterteilen (siehe Seite 65-67), doch eine Gliederung mit Pflanzen ist wesentlich gefälliger. Für diese bleibende Struktur sorgen Bäume (siehe Seite 82-86), sommer- und immergrüne Sträucher (siehe Seite 87-103) und Koniferen (siehe Seite 87, 104/105). Je nach Gartentyp können diese gerüstbildenden Pflanzen sowohl formal als auch frei eingesetzt werden; wichtig ist in beiden Fällen ein ausgewogener Eindruck.

Da die meisten Gartenbäume winterkahl sind, kommt immergrünen Sträuchern eine besonders große Bedeutung für die Strukturierung des Grundstücks zu. Viele davon können Sie durch Beschneiden dauerhaft so in Form halten, dass die rechten Proportionen im Garten gewahrt bleiben. Im Winter, wenn die übrigen Sträucher ihre Blätter abgeworfen haben und als filigranes Gerüst dastehen, laufen diese Immergrünen zur vollen Form auf. Wichtig ist in diesem Zusammenhang die Zeitpla-

Japanische Stechpalme (*Ilex crenata*) • Glänzende Heckenkirsche (*Lonicera nitida*) 'Baggesen's Gold' • Europäische Eibe (*Taxus baccata*)

Pflanzliche Strukturen

Gerüstbildende Pflanzen garantieren nicht nur ein dauerhaft ansprechendes Bild, sondern können auch vor nachbarlichen Blicken schützen. Nicht selten dominieren Hecken und grüner Sichtschutz die gesamte Gartenstruktur. Mit guter Überlegung lassen sich jedoch zwei Fliegen mit einer Klappe schlagen, denn wo große immergrüne Sträucher stehen, ist eine Hecke oft überflüssig. So sparen Sie nicht nur Platz, sondern auch den Aufwand, den der Heckenschnitt für Sie bedeutet.

nung. Manche Immergrüne, etwa Eibe (***Taxus***, siehe Seite 87–89, 105) und Stechpalme (***Ilex***, siehe Seite 91/92, 102), sind hervorragende Strukturgeber, benötigen aber einige Jahre, bevor sie diese Rolle auch ausfüllen. Das mag dann in Ordnung sein, wenn man den Garten als langfristiges Projekt ansieht; wer es jedoch eiliger hat, hält sich besser an raschwüchsige Alternativen.

Nicht zu vernachlässigen: Farbe

Großer Wert wird in unserem Alltag auf Farben gelegt: bei unserer Kleidung, bei der Gestaltung unserer Wohnräume, bei der Bepflanzung unserer Beete. Modeströmungen haben oftmals großen Einfluss darauf, wie wir meinen, eine Farbe beurteilen zu müssen; meist ist es aber am Ende der persönliche Geschmack, der für unsere Entscheidung den Ausschlag gibt. Kurzfristig kann sich auch unsere Stimmung darauf auswirken, wie wir bestimmte Farben empfinden, und es gibt Hinweise darauf, dass umgekehrt auch Farben unsere Stimmungen beeinflussen.

Unabhängig von persönlichen Präferenzen lässt sich nicht leugnen, dass manche Farben besser zueinanderpassen als andere. »Im Garten geht alles«,

Höhenstaffelung

Mit Stauden und Gehölzen unterschiedlicher Höhe lässt sich der Garten wunderbar dreidimensional konzipieren. Besonders leicht fällt es uns, die unterste Pflanzebene (unterhalb unserer Augenhöhe) auszuarbeiten, doch vergessen Sie darüber nicht die beiden oberen Ebenen, die mindestens ebenso wichtig sind und ihre Gestalt durch Sträucher und Bäume erhalten. Bedenken Sie bei der Auswahl jeder Pflanze, zu welcher Ebene sie zu rechnen ist und welchen Beitrag sie dort leisten soll.

Empfehlenswerte goldgrüne Pflanzen für die Rabatte Weicher Frauenmantel (*Alchemilla mollis*) • Großer Schuppenkopf (*Cephalaria gigantea*) • Gelber Fingerhut (*Digitalis lutea*) • Zypressen-Wolfsmilch (*Euphorbia*

Farben und ihre Wirkung

A: Gelb ist eine lebhafte Farbe, die die Aufmerksamkeit auf sich zieht. Lenken Sie damit gezielt das Auge, z.B. auf einen Blickfang oder zu einem Durchgang. Wollen Sie ein Beet mit dieser Farbe aufhellen, so streuen Sie sie sparsam und gleichmäßig ein, etwa in Form von Pflanzen mit gelber Blütenmitte.

B: Weiße Blüten wirken frisch und sauber und entfalten ihre Leuchtkraft vor allem in der Abenddämmerung und an trüben Tagen. In Kombination mit grünen Blüten und Blättern schafft Weiß ein kühles, üppiges Ambiente, das dauerhaft gefällig und beruhigend wirkt.

C: Grün in seinen zahlreichen Schattierungen bekommt jedem Garten gut. Diese beruhigende Farbe vermittelt zwischen anderen Farben, die sich als direkte Nachbarn nicht so gut vertragen würden.

D: Zartes Rosa, Malvenviolett und Blau sind sanfte Farben, die sich einer zwanglosen Gestaltung regelrecht andienen.

E: Die Muntermacher Rot und Orange fordern jede Menge Aufmerksamkeit. An sehr sichtbarer Stelle oder en masse sollten Sie diese kräftigen warmen Farben nur verwenden, wenn Sie sicher sind, dass Sie sie auf Dauer ertragen.

F: Blau ist perfekt zum Kombinieren. Es passt zu praktisch jeder anderen Farbe und vermittelt zwischen solchen, die allein nicht miteinander auskämen. Vor allem im Dämmerlicht kommt Blau gut zur Geltung; frühmorgens und gegen Abend ist seine Leuchtkraft am stärksten.

sagen wir gern, doch dies trifft nur in einem gewissen Maß zu: Die perfekte Farbkombination kann einem Knalleffekt gleichkommen. Je aufgeschlossener der Gärtner ist, desto mehr Möglichkeiten ansprechender Kombinationen eröffnen sich ihm. Wer sich zu streng an ein bestimmtes Farbschema hält, schließt nur zu leicht die eine oder andere gut geeignete Pflanze aus, die sich an dieser Stelle besser bewährt hätte.

Es gibt einige generelle Regeln dazu, welche Farben zusammenpassen und welche nicht; die endgültige Entscheidung jedoch sollte im persönlichen Ermessen des Gärtners liegen. Grundsätzlich finden im größeren Garten mehr Farben Platz als im kleinen.

cyparissias) • Bunte Wolfsmilch (*Euphorbia epithymoides*) • Sumpf-Wolfsmilch (*Euphorbia palustris*) • Purpurglöckchen (*Heuchera*) 'Key Lime Pie' • Zier-Tabak (*Nicotiana*) 'Lime Green'

Der Farbgarten

Das ganze Jahr hindurch in einer Rabatte ein bestimmtes Farbschema aufrechtzuerhalten ist grundsätzlich schwer. Nur bei sorgfältiger Planung bleibt die Farbe kontinuierlich präsent. Ein Farbthema lässt sich leichter umsetzen, wenn Sie es mit Laubfarben unterstützen (siehe Laub mach Eindruck rechte Seite). So etablieren goldlaubige und gelb panaschierte Pflanzen ganz selbstverständlich eine gelbe Rabatte: Schon bevor die ersten Frühlingsblumen die Bühne betreten, ist das Farbthema inszeniert. Gelbe Tulpen (*Tulipa*) im Frühjahr, Lupinen (*Lupinus*) im Frühsommer, Sonnenbraut (*Helenium*) und Rudbeckien (*Rudbeckia*) im Spätsommer, Dahlien (*Dahlia*) im Herbst sowie Zaubernuss (*Hamamelis*) und Mahonien (*Mahonia*) im Winter vervollständigen das Bild. Damit ein Farbthema ganzjährig bestehen kann, empfiehlt es sich außerdem, in der Rabatte Lücken zu lassen, die Sie später mit Zwiebel- und Knollenpflanzen und Einjährigen in der betreffenden Farbe schließen.

Farben ausbalancieren

Zarte Farbkombinationen werden lebendiger und plastischer, wenn Sie einige dunklere Blüten oder Blätter einstreuen. So gewinnt z. B. eine Blütenkombination in zartem Rosa, Violett und Blau durch das tiefburgunderrote Laub des Bewimperten Felbe-

2 | Das gelbgrüne Laub des Tatarischen Hartriegels (*Cornus alba*) 'Aurea', der goldgelb panaschierte Kletternde Spindelstrauch (*Euonymus fortunei*) 'Emerald 'n' Gold' und die giftgrünen Blüten der Palisaden-Wolfsmilch (*Euphorbia characias*) etablieren ein unschlagbares Farbthema.

Laub macht Eindruck

Planen Sie bei der Anlage eines Farbgartens nicht nur Blüten, sondern auch Laubfarben ein (siehe Seite 108–118).

A: Hellgelb und golden gezeichnetes Laub macht sich gut in einem gelben oder orangefarbenen Beet.

B: Laub in Silber, Grau und Blaugrau stellt blaue Blüten perfekt heraus.

C: Pflaumenrotes Laub fungiert als Bindeglied zwischen Rot, Pink und Violett; zu warmem Gelb und Orange hingegen setzt es einen wohltuenden Kontrast.

D: In der Sonne wie im Schatten werden weiße Blüten vortrefflich durch weißbunte Blätter ergänzt.

richs (*Lysimachia ciliata*) 'Firecracker' 🏆 (siehe Seite 113) oder die kräftig rubinroten Blüten der Bach-Kratzdistel (*Cirsium rivulare*) 'Atropurpureum' an Tiefe. Die mandelgrünen Blüten und das hellgrüne Laub des Weichen Frauenmantels (*Alchemilla mollis*) 🏆 (siehe Seite 121) peppen jedes Pflanzschema auf.

Wenn eine Farbe in einer Gruppenpflanzung fehl am Platz scheint, so kann die Wiederholung ein Mittel sein, sie besser einzubinden. Wo ein einzelner gelblaubiger Strauch vollkommen aus dem Rahmen fällt, geben ihm weitere gelblaubige Blattschmuckpflanzen und gelbe Blüten eine Daseinsberechtigung.

3

4

5

Die Farben der Jahreszeiten

Die typischen Farben einer Jahreszeit wirken im Garten selten unpassend. Das zeitige Frühjahr kombiniert zartes Gelb und Blau mit frischgrünem jungem Laub. Der Sommer bringt heiße Tage mit Rosa, Blau und Lavendel. Rot, Orange, Gold und Burgunder sind die Farben des Herbstes. Im Winter stehen immergrünes Laub, die subtilen Schattierungen kahler Stängel sowie zarte Blüten im Mittelpunkt, die gegen das Grün der warmen Jahreszeit nie eine Chance hätten (siehe auch Seite 119–127). Wenn Sie Pflanzen zueinandergesellen, die gleichzeitig ihren Höhepunkt erleben, konzentriert sich die Aufmerksamkeit während dieser Phase auf eben diesen Gartenbereich. Gleichzeitig wird es wesentlich einfacher, gelungene Farbkompositionen zu kreieren. Ein spätsommerlicher Hotspot könnte beispielsweise Dahlien (*Dahlia*), Westindisches Blumenrohr (*Canna*), Sonnenbraut (*Helenium*) und Montbretien (*Crocosmia*) kombinieren. Zu einer anderen Zeit lässt sich direkt daneben ein vollkommen anderes Thema umsetzen, etwa eine zarte frühsommerliche Zusammenstellung von blauer Katzenminze (*Nepeta*), rosa Rosen (*Rosa*) und violettem Zier-Lauch (*Allium*). Die Katzenminze darf danach ruhig weiterblühen, denn ihr Blau passt auch zu den warmen Spätsommerfarben. Generell gilt, dass die erfolgreichsten Farbkombinationen eher mit Gruppenpflanzungen denn mit Farbbeeten zu erzielen sind.

Formen und Texturen

Abwechslungsreiche Wuchsformen und Texturen sind bei der Bepflanzung ebenso wichtig wie Farbe. Sanft gerundete Konturen werden nur im Kontrast mit vertikalen Formen und schwertförmigem Laub lebendig; ein Hintergrund aus weich gefiedertem Laub hebt plakative Blätter und Blüten hervor.

Empfehlenswerte Pflanzen mit gefiedertem Laub Gewöhnlicher Wiesen-Kerbel (*Anthriscus sylvestris*) 'Ravenswing' • Absinth (*Artemisia absinthium*) 'Lambrook Silver' • Oktober-Silberkerze (*Cimicifuga simplex*) Atropurpurea Grp. • Fenchel (*Foeniculum vulgare*) 'Purpureum' • Perowskie (*Perovskia*) 'Blue Spire'

Da verschiedenartige Texturen Licht auf unterschiedliche Weise reflektieren, erscheinen sie bei veränderten Lichtverhältnissen häufig vollkommen verwandelt. Besonders gut ist dies bei Laubkombinationen zu beobachten, die diverse Blattformen und -texturen vereinen. Die Farben und Schattierungen können hier ebenso sehr variieren wie bei einer Gestaltung mit Farbkontrasten.
Achten Sie bereits bei der Planung darauf, dass Sie diverse Silhouetten und eine Mischung unterschiedlicher Blattformen, -größen und -texturen verwenden. Bringen Sie Pflanzen mit Höhenwirkung und schwertförmigem Laub ein, etwa Gräser, Schwertlilien (*Iris*), Grasschwertel (*Sisyrinchium*) und Neuseelandflachs (*Phormium*). Wenn Sie manche davon in den Vordergrund setzen, gewinnt die Pflanzung an Tiefe. Verwenden Sie außerdem großblättrige Pflanzen sowie feinlaubige. Kombinieren Sie glänzende Blätter mit weich gefiedertem Laub und einfache Blattformen mit geteilten.

3 | Das pflaumenrote Laub des schlitzblättrigen Fächer-Ahorns (*Acer palmatum* Dissectum Grp.) 'Crimson Queen' steigert die Leuchtkraft der Blüten von Griffiths Wolfsmilch (*Euphorbia griffithii*) 'Fireglow'.

4 | Wenn Sie Pflanzen miteinander kombinieren, die zur selben Zeit ihren Höhepunkt erleben, unterstützen diese sich gegenseitig in ihrer Wirkung, und die Aufmerksamkeit konzentriert sich auf eben diesen Gartenbereich.

5 | Die Farbe der Tulpe (*Tulipa*) 'Temple of Beauty' findet sich im zarten Laub eines Fächer-Ahorns (*Acer palmatum*) wieder.

6 | Das aufragende schmale Laub des gestreiften Wasser-Schwadens (*Glyceria maxima*) 'Variegata' und eines Silber-Chinaschilfs (*Miscanthus sinensis*) setzt Kontraste zu den breiten Blatthorsten der Funkie (*Hosta*) 'Francee' und den auffälligen Samenständen einer Arznei-Engelwurz (*Angelica archangelica*).

Weite schaffen

In einem kleinen, abgeschlossenen Garten vermitteln helle Farben einen Eindruck von Weite. Damit eine solche Gestaltung nicht langweilig daherkommt, ist eine breite Palette lichter Schattierungen gefordert, unterstützt von abwechslungsreichen Texturen. Eine sehr schlicht gehaltene Bepflanzung kann hochelegant, allerdings auch höchst eintönig wirken.
Setzen Sie Farbe bewusst ein, um das Augenmerk auf bestimmte Bereiche zu lenken. Die Gartengrenzen können Sie damit entweder betonen oder aber verwischen. Helle Farben am Ende des Gartens unterstreichen diese Grenze, indem sie darauf aufmerksam machen. Dunkle Farben hingegen lassen sie verschwimmen und den Garten größer erscheinen.

Bäume

Die Wipfel unserer Gartenbäume machen die höchste Ebene der Bepflanzung aus, oberhalb unserer Kopfhöhe. Ohne sie bleibt der Garten flach und nichtssagend – ein zweidimensionaler Pflanzen- und Rasenteppich. Bäume erfreuen uns jedoch nicht nur mit ihren Wuchsformen, Blüten- und Laubfarben, sondern auch durch ihren Einfluss auf die Lichtverhältnisse und eine differenziertere Wahrnehmung räumlicher Tiefe.

1

Egal, wie winzig Ihr Garten ist – auf einen Baum sollten Sie möglichst nicht verzichten. Bei begrenztem Raum sind luftige Arten wie Birke (*Betula*), Eberesche (*Sorbus*) und Erle (*Alnus*) ideal. Sie sorgen für Höhe und Schattenspiele und lassen sich gut unterpflanzen. Die Rote Säulen-Buche (*Fagus sylvatica*) 'Dawyck Purple' 🏆 und die Säulen-Hainbuche (*Carpinus betulus*) 'Fastigiata' 🏆 sind zwei säulenförmige Auslesen, die oft schon vom Boden her verzweigt sind. Aufgeastet zeichnen sich beide durch eine schlanke Krone mit ausgezeichneter Höhenwirkung aus, die wenig Schatten wirft. Ähnlich wirkt die schmalkronige Chinesische Birne (*Pyrus calleryana*) 'Chanticleer' 🏆 (siehe Seite 152/153).

Frühjahrsblüten

Vor rund 25 Jahren waren Zier-Kirschen (*Prunus*), Zier-Äpfel (*Malus*) und Goldregen (*Laburnum*) unsere liebsten Gartenbäume. Tatsächlich warten diese mit spektakulärer Blüte auf, doch die ist fast so schnell vorüber, wie sie begonnen hat. Wer sich dennoch nach Blütenschnee im Frühjahr sehnt, dem sei *Prunus* 'Accolade' 🏆 ans Herz gelegt. Diese niedrige, breitwüchsige, lichte Kirsche prunkt im zeitigen Frühjahr mit langlebiger, regenfester Blütenfülle in kräftigem Rosa. Etwas später blüht die mittelgroße, breitwüchsige *P.* 'Ukon' 🏆 (A) – eine gute Alternative zu dem typisch zuckrigen Rosa bzw. Weiß anderer Zier-Kirschen. Zu ihren halbgefüllten Blüten in grünlichem Rahmweiß bildet der bronzefarbene Laubaustrieb einen herrlichen Kontrast. Im Herbst färbt sich diese Sorte kräftig rotviolett.

Zier-Äpfel wie *Malus* 'John Downie' 🏆 und *M.* × *zumi* 'Golden Hornet' (B) lassen auf die schöne Blüte einen reichen herbstlichen Früchtesegen folgen (siehe Seite 157/158). Einer der schönsten Zier-Äpfel ist *M.* 'Evereste' 🏆 mit dunkelrosa Knospen, aus denen sich eine weiße Blütenpracht auftut; später folgen orange-gelbe Äpfelchen. Mit seiner dichten, kegelförmigen Krone ist dieser Baum ein ausgezeichneter Strukturgeber für den kleineren Garten.

Der Rotdorn (*Crataegus laevigata*) 'Paul's Scarlet' 🏆, (C) ist mit seiner breiten, frischgrünen Krone ein wunderschöner Gartenbaum. Im Spätfrühling, wenn sich die meisten Frühjahrsblüher bereits verabschiedet haben, verwandeln scharlachrote Blütenröschen seine Äste in lauter Blumengirlanden. Kalkboden und Lehm sagen dem vor allem für den Landhausgarten empfehlenswerten Rotdorn besonders gut zu.

1 | Im Alter entwickelt die Säulen-Hainbuche (*Carpinus betulus*) 'Fastigiata' eine relativ breite Krone; ihren aufstrebenden Wuchs behält sie jedoch weiterhin bei.

2 | Rote Säulen-Buche (*Fagus sylvatica*) 'Dawyck Purple'

Die beste Zeit zum Bäumepflanzen

Der Herbst ist traditionelle Pflanzzeit. Der Boden ist nun feucht und warm, und laubabwerfende Gehölze begeben sich in die Winterruhe. Unter der Oberfläche jedoch bleiben die Wurzeln aktiv, und so nutzen neu gepflanzte Bäume diese Zeit, um sich zu etablieren, bevor sie wieder Blätter und Blüten zu versorgen haben. Zwar kann man heute beinahe rund ums Jahr die vom Handel angebotenen, im Container gezogenen Gehölze pflanzen, doch für große Sträucher und Bäume bleibt der Herbst der ideale Zeitpunkt.

Wie groß darf es sein?

Leicht ist man versucht, einen möglichst großen Baum zu pflanzen, um möglichst schnell voranzukommen. Im Freiland gezogene Exemplare übertreffen die Containerpflanzen häufig an Größe, doch wurzelnackt gesetzt können sie deutlich mehr Zeit benötigen, bevor sie Fuß fassen; in den ersten beiden Jahren zeigen sie manchmal so gut wie keinen Zuwachs. Die containergezogenen Bäume hingegen erleiden keinen Pflanzschock und sollten bei entsprechender Pflege bereits in der ersten Saison gut zulegen. Bäume, die auf wurzelnacktes Verpflanzen besonders negativ reagieren, sind Tulpenbaum (*Liriodendron*), Walnuss (*Juglans*), Amberbaum (*Liquidambar*) und Birke (*Betula*).

Ein Baum für mehrere Jahreszeiten

Wo nur für ein oder zwei Bäume Platz ist, sind Sorten gefragt, die sich ihren Platz redlich verdienen. Farbiges Laub erfreut uns vom Frühjahr bis in den Herbst. So ist der Gewöhnliche Trompetenbaum **(*Catalpa bignonioides*) 'Aurea'** 🏆 ein auffälliger Geselle mit riesigen samtgelben Blättern, die im Laufe des Sommers leicht vergrünen. Ältere Exemplare schmücken sich mit aufrechten Blütenständen, die an Fingerhutblüten erinnern. Mit seiner exotischen Erscheinung passt dieser Baum besonders gut in einen modernen Kontext oder auch in einen großen Kübel am Haus, wo das Gebäude der prägnanten Gestalt sein eigenes Gewicht entgegensetzt. Als einziger Nachteil des Trompetenbaums wäre sein relativ später Laubaustrieb zu nennen, den er allerdings mit interessantem Astwerk zumindest teilweise wettmacht.

Die Kupfer-Felsenbirne **(*Amelanchier lamarckii*)** 🏆 verwandelt sich im Frühjahr binnen weniger Tage in eine herrliche Wolke aus weißen Blütensternen, die sich gegen den zarten, kupfrig roten Laubaustrieb absetzen. Im Herbst bezaubert der kleine, strauchig wachsende Baum mit schönen Laubfarben. Empfohlen wird er für neutralen bis sauren Boden, doch er gedeiht auch auf basischen Böden.

Manche Bäume imponieren vor allem mit ihrer schönen Rinde. Eindrucksvoll setzen sich die schneeweißen Stämme und Äste der Weißen Himalaya-Birke **(*Betula utilis* var. *jacquemontii*)** gegen sommergrünes Laub ab, doch ganz unvergleichlich präsentieren sie sich nackt im Winter. Derweil zeichnen die feinen Zweige ein filigranes Muster in den Himmel. Im Vorfrühling behängt sich diese Birke mit goldbraunen Lämmerschwänzchen. Ihre kleinere, strahlend weiße Auslese **'Silver Shadow'** 🏆 wäre für den mittelgroßen Garten eine Überlegung wert.

Auch unter den Hartriegeln **(*Cornus*)** finden sich ausgezeichnete, überaus winterharte Kandidaten für kleinere Gärten. Obgleich ihr idealer Standort der Waldgarten ist, fügen sie sich auch in die moderne Gestaltung erstaunlich gut. Sie ziehen neutralen bis sauren Boden vor; für flachgründigen Boden auf Kalk sind sie vollkommen ungeeignet. Viele Gartensorten des Blumen-Hartriegels **(*C. florida*)** präsentieren sich mit dichter, nach oben schmaler werdender Krone von recht steifem, aber elegantem Habitus. Im Spätfrühling schmücken sich die Zweige mit auffälligen Scheinblüten, und im Herbst nimmt das Laub leuchtende Farben an. **'Cherokee Chief'** 🏆 ist eine ausgezeichnete Sorte mit tiefrosa Hochblättern.

Manche Zier-Kirschen **(*Prunus*)** erfreuen uns weitaus länger mit ihrer wunderschönen Rinde als mit ihrer rasch verwehenden Blüte. Am schönsten ist die Mahagoni-Kirsche **(*P. serrula*)** 🏆, die sich bereits in jungen Jahren durch hochglanzpolierte Rinde hervortut. Ihre Blätter sind klein und schmal, die weißen Blüten unauffällig, doch sobald Begleitpflanzen den mahagoniroten Stamm in den Mittel-

3 | Gewöhnlicher Trompetenbaum (*Catalpa bignonioides*) 'Aurea'

4 | Kupfer-Felsenbirne (*Amelanchier lamarckii*)

5 | Weiße Himalaya-Birke (*Betula utilis* var. *jacquemontii*)

6 | Mahagoni-Kirsche (*Prunus serrula*)

7 | Vogelbeere (*Sorbus aucuparia*) 'Xanthocarpa'

3

4

5

6

7

punkt rücken, sind die Vorzüge dieses Baums nicht zu übersehen. Die weißen Blütenkerzen der schmalaufrechten Amur-Traubenkirsche **(*P. maackii*) 'Amber Beauty'** erinnern an Kirschlorbeer (*P. laurocerasus*) 🏆 (siehe Seite 89/90). In Kombination mit Gräsern und Farnen beeindruckt die glatte, bernsteinfarbene Rinde dieser Auslese ganz besonders. Auch bei den Ebereschen (***Sorbus***) finden sich viele schöne Sorten, teils mit gefiedertem Laub, teils mit großen, rundovalen, oftmals silbrigen Blättern. Die Japanische Eberesche **(*S. commixta*) 'Embley'** 🏆 ist eine ausgezeichnete kleine Sorte mit schmal gefiedertem Laub, das sich im Herbst scharlachrot färbt. Aus den weißen Blütentellern im Frühjahr entwickeln sich schwere orangerote Fruchtstände. ***S.* 'Joseph Rock'** ist von vergleichbarer Größe mit aufrechter Krone, bernsteinfarbenen Früchten und spektakulärer Herbstfärbung (siehe Seite 158). Wenn Sie im Spätherbst und im zeitigen Winter Vögel in den Garten locken wollen, sind Ebereschen grundsätzlich eine gute Wahl. Bei weiß oder gelb fruchtenden Vogelbeeren wie ***S. aucuparia* 'Xanthocarpa'** 🏆 dauert es meistens etwas länger, bis das Federvolk den Baum geplündert hat.

Gut angewachsen

Wie gut ein neu gepflanzter Baum anwächst, hängt davon ab, wie gut der Boden vorbereitet und verbessert wurde, wie gut der Baum gestützt wird und ob er das erste Jahr hindurch sorgsam gewässert wird. Achten Sie beim Anbinden darauf, dass der Baum zwar gut gesichert ist, seine Rinde aber unverletzt bleibt und der Saftfluss nicht unterbrochen wird. Schützen Sie den Stamm bei Bedarf vor Rehen, Hasen und Kaninchen, denn in diesem Stadium kann Wildverbiss das Ende des Baums bedeuten.

Bäume im Kübel

Viele kleinere Bäume können Sie problemlos im Kübel ziehen, um damit an beliebiger Stelle Höhe in den Garten zu bringen. Das Gefäß begrenzt das Größenwachstum des Baums, doch das hindert ihn nicht daran, sämtliche Register seines Könnens zu ziehen – vorausgesetzt, Sie verwenden gutes Pflanzsubstrat und das Behältnis ist nicht zu eng. Geben Sie dem Baum zweimal im Jahr einen Langzeitdünger; regelmäßiges Gießen ist Pflicht. Gute Kandidaten für einen Kübel sind der Gewöhnliche Trompetenbaum (*Catalpa bignonioides*) 'Aurea' 🏆 sowie Sorten des Fächer-Ahorns (*Acer palmatum*, rechts).

Empfehlenswerte kompakte Bäume für kleine Gärten Pflaumenblättriger Weißdorn (*Crataegus × persimilis*) 'Prunifolia' • Rispiger Blasenbaum (*Koelreuteria paniculata*) • *Prunus × blireana* • Hilliers Kirsche (*P. × hillieri*) 'Spire' • Weiden-Birne (*Pyrus salicifolia*) 'Pendula' • Weißfrüchtige Hupeh-Eberesche (*Sorbus hupehensis*)

Das immergrüne Strauchgerüst

Immergrüne Sträucher, die dem Garten seine so wichtige Struktur verleihen, gibt es in diversen Wuchsformen und Größen. Wem dabei die breitblättrigen immergrünen Laubgehölze der viktorianischen Strauchpflanzungen in den Sinn kommen, dem sei gesagt: Wichtiger sind jene Gerüstbildner, die mit feiner immergrüner Laubstruktur einen Kontrast zu großen, augenfälligeren Blättern setzen. Immergrüne Blütensträucher und buntlaubige Sträucher leisten ebenfalls einen wichtigen Beitrag zur Gliederung des Gartens und tragen zugleich Farbe und Abwechslung bei.

Nadelgehölze unterscheiden sich in ihrer Laubwirkung und ihrem Wuchs deutlich von immergrünen Laubgehölzen. Ultimativer Gerüstbildner ist die Europäische Eibe (*Taxus baccata*) 🏆, die uns mit ihrer dunklen Erscheinung und ausdrucksvollen Sorten ebenso fasziniert wie durch die Möglichkeit, sie mit der Heckenschere in lebendige Kunstwerke zu verwandeln. Eine Eibe zählt zu den langfristigen Gartenprojekten, doch setzt man sie jung in fruchtbaren Boden, kann sie sich als recht raschwüchsig erweisen. Die Wildform wird normalerweise aus Samen gezogen, weshalb Heckenpflanzen in Wuchs und Farbe leicht variieren, was sich aber durch den Schnitt im Laufe der Zeit verliert. Für den klassischen wie für den modernen Garten ist eine Eibenhecke unschlagbar; ihrem Schwarzgrün macht kaum eine Pflanze Konkurrenz.

Sie können die Eibe auch als mehr oder weniger stark geformten Solitär ziehen. Diese Konifere lässt sich leicht in eine schmale oder auch breitere Kegelform bringen – als streng geschnittener Formstrauch (siehe Seite 105) wirkt sie ebenso schön wie relativ lockerwüchsig. Setzen Sie mit Eiben hohe Akzente zwischen niedrige Sträucher: Besonders gut gefällt sie in Kombination mit aromatischen Halbsträuchern und silbrigem Laub. Formale wie zwanglose Staudenpflanzungen erhalten durch einen solchen Solitär Gewicht und bleibende Form. Manche Eibenauslesen entwickeln sich verlässlich zu auffälligen architektonischen Erscheinungen. Bis 4 m Höhe erreicht die dunkelgrüne Säulen-Eibe (*T. baccata*) 'Fastigiata' 🏆; mitunter trägt sie wachsrote Früchte. Die weibliche dunkelgrüne Hybrid-Eibe (*T.* × *media*) 'Hicksii' 🏆 bildet eine breite Säulenform aus und schmückt sich verlässlich mit roten Beeren.

Der Europäische Buchsbaum (*Buxus sempervirens*) 🏆 ist ein weiterer Klassiker für die Gartengliederung. Die für Hecken und Formschnitte verwendete Wildform (siehe auch Seite 142/143) wächst ungeschnitten zu einem stattlichen Strauch von wenigstens 4 m Höhe heran. Die 45 cm klein bleibende Zwergsorte **'Suffruticosa'** 🏆 eignet sich besonders gut für Parterres und für Einfassungshecken (siehe Seite 91). Beide – Art und Auslese – lassen sich zu prägnanten Buchsfiguren für die Kübelbepflanzung ziehen. Buchsbaum stellt mit seinem adretten Laub in mattem Mittelgrün die

Pflanzanleitung für eine Eibenhecke (*Taxus*)

Solange im Herbst der Boden warm und feucht ist, ist ideale Pflanzzeit für Koniferen. Im Container gezogene Exemplare fassen rasch Fuß, doch es gibt sie nur bis etwa 60 cm Höhe. Größere Exemplare (60–90 cm) werden im Freiland gezogen und mit Wurzelballen geliefert. Eiben wurzelnackt zu pflanzen empfiehlt sich nicht. Setzen Sie die Sträucher mit 1 m Stammabstand in gut vorbereiteten Boden, und streuen Sie abschließend einen organischen Dünger bzw. einen Langzeitdünger aus.

Empfehlenswerte Sichtschutzsträucher Erbsenfrüchtige Scheinzypresse (*Chamaecyparis pisifera*) 'Filifera Aurea' • Rotlaubige Glanzmispel (*Photinia* × *fraseri*) 'Red Robin' • Riesenlebensbaum (*Thuja plicata*)

1

2

3

4

5

Blüten und Blätter anderer Pflanzen hervorragend heraus. Es gibt jedoch auch Auslesen, die sich durch eine attraktive cremefarbene Panaschierung auszeichnen, beispielsweise **'Elegantissima'** 🏆; verwenden Sie diese Sorte in Kombination mit grünem Buchsbaum oder als Solitär.

Raschwüchsige Strukturgeber

Manchem Gärtner fehlt die Zeit oder die Geduld, um auf das Heranwachsen klassischer Strukturgeber wie Buchsbaum (*Buxus*, siehe Seite 87, 91) und

1 | Europäische Eibe (*Taxus baccata*)

2 | In einem formalen Buchsparterre setzt ein als Hochstamm gezogener Lorbeerbaum (*Laurus nobilis*) einen kräftigen Akzent.

3 | Europäischer Buchsbaum (*Buxus sempervirens*) 'Elegantissima'

4 | Kirschlorbeer (*Prunus laurocerasus*)

5 | Rotlaubige Glanzmispel (*Photinia* × *fraseri*) 'Red Robin'

Dichte, dunkellaubige Immergrüne

A

B

Die Aukuben (*Aucuba*) sind ausgezeichnete immergrüne Strukturgeber für schattige Plätze; sie tolerieren kargen Boden, Kalk und sogar Ton. Auch für den Stadtgarten sind sie ideal, denn Luftverschmutzung ist ebenfalls kein Problem. Die oben abgebildete Japanische Aukube (*A. japonica*) 'Variegata' (A) ist eine der besonders beliebten Sorten mit gelb gesprenkeltem Blatt. Doch nicht minder eindrucksvoll ist die dunkelgrüne *A. japonica* 'Rozannie' 🏆. Der selten höher als 1,5 m werdende rundliche Strauch trägt breite, dunkle Blätter, die im Winter seine großen, roten Beeren perfekt zur Geltung bringen.

Burkwoods Duftblüte (*Osmanthus* × *burkwoodii*) 🏆 ist ein kompakter, anfangs aufrecht wachsender Strauch. Er kann 3 m hoch werden, lässt sich jedoch leicht auf einer Höhe von 1,5 m halten. Seine hellbraunen Zweige sind mit tiefgrünen Blättern und im Spätfrühling mit duftenden, weißen Blüten besetzt. Der robuste, unempfindliche Strauch ist ausgezeichnet für den Beethintergrund geeignet (siehe Gute Pflanzpartner Seite 90).

Die buntblättrigen Formen der Stachelblättrigen Duftblüte (*Osmanthus heterophyllus*) werden gern gepflanzt; der Wert der immergrünen Wildform hingegen wird häufig übersehen. Dabei ist dieser Strauch eine gute Alternative zur Gewöhnlichen Stechpalme (*Ilex aquifolium*) 🏆. Er wächst langsam und kommt gut mit Schatten zurecht, eignet sich also auch für den kleinen Garten. 'Purpureus' (B) zeichnet sich durch den schwarzviolett überlaufenen Austrieb aus und ist eine gute Wahl für schmale Beete.

Lockerwüchsige Immergrüne

Abwechslungsreiche Textur bringen immergrüne strukturierende Sträucher mit lockerem, blickduchlässigem Wuchs in die Bepflanzung ein. In ländliche Situationen passen diese häufig besser als die blickdichten Kandidaten.

Fündig wird man vor allem bei den Berberitzen. So ist die Schmalblättrige Berberitze (*Berberis × stenophylla*) ♕ (rechts) ein grazil überhängender, dornenreicher Strauch mit schmaler, dunkelgrüner Belaubung, dessen anmutiger Habitus über sein zähes Wesen hinwegtäuscht. Im Spätfrühling sind seine Zweige dicht mit hellen, orangegelben Blüten besetzt (siehe auch Gute Pflanzpartner unten).

Gute Pflanzpartner

Das hellgoldene Laub des Tatarischen Hartriegels (*Cornus alba*) 'Aurea' (A) ist eine schöne Ergänzung zum dunklen Laub und den leuchtenden Blüten der Schmalblättrigen Berberitze (*Berberis × stenophylla*) ♕ (B). Im Winter sind die roten Zweige des Hartriegels nicht zu übersehen.

Der Kletternde Spindelstrauch (*Euonymus fortunei*) 'Emerald Gaiety' ♕ (C) setzt mit silbrig weiß panaschierten Blättern einen Kontrast zum dunklen Laub von Burkwoods Duftblüte (*Osmanthus × burkwoodii*) ♕ (D); die weißen Blüten der Duftblüte wiederum unterstreichen die Zeichnung des Spindelstrauchs.

Eibe (*Taxus*, siehe Seite 87, 105) zu warten. Zum Glück gibt es eine Reihe guter, raschwüchsiger Alternativen, die in einem Bruchteil der Zeit ein immergrünes Gerüst entstehen lassen.

Kirschlorbeer **(*Prunus laurocerasus*)** ♕ erfreut sich seit Langem großer Beliebtheit und wird auch heute noch gern gepflanzt. Vor allem seine Raschwüchsigkeit macht ihn interessant. Seine je nach Sorte mal schmaleren, mal breiteren Blätter glänzen wunderbar im Licht, und eine gut gepflegte Kirschlorbeerhecke bereitet anderen Pflanzen einen herrlichen Hintergrund. Allerdings sind diese Sträucher überaus hungrig und durstig – Wasser und Nährstoffe beanspruchen sie gern für sich, weshalb man mit Vorpflanzungen Abstand halten muss. Auch der Heckenschnitt ist aufwendig, denn er sollte mit der Gartenschere ausgeführt werden – von der Heckenschere halbierte oder gar vom Heckenschneider angefressene Blätter sind alles andere als attraktiv.

Ein weiterer Kandidat ist die Rotlaubige Glanzmispel **(*Photinia × fraseri*) 'Red Robin'** ♕, die mit glänzendem Laub und leuchtend rotem Blattaustrieb begeistert. Wird sie im Spätfrühling und im Spätsommer zurückhaltend geschnitten, so zeigt sie ihre roten Triebe fast das ganze Jahr. Der recht breitwüchsige, aufrechte Strauch erlangt rasch eine Höhe von rund 3 m. Beachten Sie jedoch, dass er mit seinen weißen Blüten und dem glänzenden Laub die Blicke anzieht. Die Glanzmispel ist ein ausgezeichneter Hintergrund für warme Farben; Pastellfarben hingegen überstrahlt sie.

Empfehlenswerte stachelige Sträucher Darwins Berberitze (*Berberis darwinii*) • Julianes Berberitze (*Berberis julianae*) • Chinesische Scheinquitte (*Chaenomeles speciosa*) • Sanddorn (*Hippophae rhamnoides*) • Gewöhnliche Stechpalme (*Ilex aquifolium*) • Feuerdorn (*Pyracantha*) 'Orange Charmer' • Kartoffel-Rose (*Rosa rugosa*) • Tangutische Himbeere (*Rubus cockburnianus*)

Niedrige immergrüne Sträucher

Niedrige immergrüne Sträucher zählen zu den nützlichsten Charakteren des Gartentheaters. Sie passen in die schmalen Beete, die sich in so vielen Gärten finden, machen im Winter am vorderen Rabattenrand einen hübschen Eindruck und sind eine ideale dauerhafte Kübelbepflanzung. Viele kleine Immergrüne erweisen sich als schattengeeignet und sind damit perfekt für dunkle Ecken, in denen keine bunten Blumen gedeihen wollen. Ihr bestes Merkmal jedoch ist ihre Kompaktheit und Kontrollierbarkeit – ein Rückschnitt ist kaum jemals vonnöten.

Vorherrschend unter den immergrünen Kleinsträuchern ist der allseits beliebte Buchsbaum (*Buxus*). Die besonders niedrige Auslese **'Suffruticosa'** 🏆 des Europäischen Buchsbaums (***B. sempervirens***) ergibt eine sehr schöne niedrige Einfassung für Kräuter- und Blumenbeete und ist ideal für Knotengärten und Parterres. Formierte Exemplare sind der perfekte Kübelschmuck. ***B. microphylla*** **'Faulkner'** ist eine relativ helle, glänzend belaubte Auslese des Kleinblättrigen Buchsbaums mit ausgesprochen waagerecht stehenden Zweigen, weshalb er sich hervorragend zur klassischen Kugelform erziehen lässt. Buchsbaum gedeiht in der Sonne wie im Schatten.

Ebenfalls gut für sonnige bis schattige Standorte ist eine Auslese der Japanischen Stechpalme (***Ilex crenata***) **'Convexa'** 🏆. Dieser hervorragende rund-

1 | Ein Parterre aus Europäischem Buchsbaum (*Buxus sempervirens*) 'Suffruticosa' im Garten von Bourton House (Bourton-on-the-Hill, Gloucestershire, England)

Empfehlenswerte immergrüne Bodendecker Teppich-Zwergmispel (*Cotoneaster dammeri*) • Weidenblättrige Zwergmispel (*Cotoneaster salicifolius*) 'Gnom' • Kolchischer Efeu (*Hedera colchica*) • Kriech-Wacholder (*Juniperus horizontalis*) • Japanischer Ysander (*Pachysandra terminalis*) • Dreifarbige Himbeere (*Rubus tricolor*) • Gewöhnliches Großes Immergrün (*Vinca major*) • Gewöhnliches Kleines Immergrün (*Vinca minor*)

2

3

liche, dichte, immergrüne Strauch wird etwa 75 cm hoch. Durch die rundliche, konvexe Form seiner festen, dunkelgrünen Blättchen wirkt er besonders kompakt. Pflanzen Sie diese Auslese als Hecke, als Schlusspunkt einer Rabatte oder als wiederkehrenden Akzent in ein schmales formales Beet.

Gehölze für den Schatten

Die beliebten bunten Formen des Kletternden Spindelstrauchs (***Euonymus fortunei***) zeichnen sich durch ihren lockeren, breitwüchsigen Habitus aus und sind hervorragend für Schattenplätze geeignet. Kompakter bleiben die Sorten des Japanischen Spindelstrauchs (***E. japonicus***). An Buchsbaum erinnert **'Microphyllus'** mit seinen aufrechten grünen Trieben, die dicht mit glänzenden Blättchen besetzt sind. Besonders attraktiv sind die buntblättrigen Auslesen; mit diesen können Sie dunkle, mit Bodendeckern wie Immergrün (*Vinca*) und Efeu (*Hedera*) begrünte Winkel aufhellen (siehe Gute Pflanzpartner rechte Seite).

Die Gewöhnliche Mahonie (***Mahonia aquifolium***) **'Apollo'** treibt bis zu 80 cm hohe Wurzelschösslinge. Ihr relativ großes, ilexartiges Laub ist normalerweise dunkelgrün, zeigt sich jedoch im Winter burgunderrot überlaufen - ein fantastischer Kontrast zu den im Frühjahr erscheinenden leuchtend gelben Blüten (s. Gute Pflanzpartner rechte Seite).

Für schattigere Gartenbereiche ebenfalls gut geeignet ist ***Sarcococca confusa*** 🏆 und ihre Verwandtschaft. Dank zahlreicher Wurzelschösslinge entwickelt sich daraus allmählich ein dichtes aufrechtes Gebüsch. ***S. hookeriana*** **var.** ***digyna*** 🏆 besitzt schmales, dunkelgrünes Laub an rötlichen Trieben und wird mit 70 cm relativ hoch (siehe Gute Pflanzpartner rechte Seite). Sämtliche Fleischbeeren zeichnen sich im Winter durch zierliche, duftende, rosaweiße Blüten aus.

Winterliche Blütenknospen, leuchtende Früchte und duftende Blüten im Verein mit glänzendem immergrünem Laub erklären die große Beliebtheit der Skimmien (***Skimmia***). So attraktiv die fruchtenden Auslesen sind - weitaus schöner und zudem verlässlicher sind manche männliche Sorten. ***S. × confusa*** **'Kew Green'** 🏆 ist eine ausgezeichnete Hybride; der bis zu 1 m hohe, runde, olivgrüne Strauch versinkt im Winter unter großen grünlichen Knos-

Buchsbaum (*Buxus*) in Form halten

Buchsbaumkugeln, -kegel und -spiralen können sowohl ausgepflanzt als auch in Gefäßen gezogen werden. Im Kübel und auf durchlässigem Boden tendieren sie zu Nährstoffmangel, da beim Gießen Kalium und Stickstoff ausgeschwemmt werden. Dies zeigt sich als orange Laubverfärbung, die im Winter besonders auffällt. Geben Sie zur Vorbeugung zweimal im Jahr - im Vorfrühling und im Spätsommer - einen Langzeitdünger. Schneiden Sie die Formschnittgehölze nach dem ersten Austrieb im Spätfrühling und nochmals im Spätsommer vor Beginn des Herbsts. Bisweilen wird der Frühjahrstrieb durch Spätfrost beschädigt, doch der Strauch erholt sich schnell, wenn Sie die betroffenen Triebe ausschneiden.

penbüscheln, die sich im Frühjahr zu rahmweißen, duftenden Blüten öffnen. Die ähnliche Japanische Skimmie (*S. japonica*) 'Fragrans' 🏆 trägt weiße Blüten mit köstlichem Maiglöckchenduft in dichten Büscheln. Die am häufigsten gepflanzte Sorte jedoch ist *S. japonica* 'Rubella' 🏆 mit dunklem Laub und roten Knospen, die im Frühjahr weiß-rosa erblühen. Sämtliche Skimmien ziehen Schatten vor; in der Sonne tendiert ihr Laub zum Vergilben.

2 | Japanische Stechpalme (*Ilex crenata*) 'Convexa'

3 | Kletternder Spindelstrauch (*Euonymus fortunei*) 'Emerald 'n' Gold'

4 | Gewöhnliche Mahonie (*Mahonia aquifolium*) 'Apollo'

5 | *Skimmia* × *confusa* 'Kew Green'

Gute Pflanzpartner

Der dicht wachsende Japanische Spindelstrauch (*Euonymus japonicus*) 'Microphyllus Pulchellus' (A) spiegelt mit seinen winzigen goldgesäumten Blättern die goldgelbe Blattmitte des Gewöhnlichen Kleinen Immergrüns (*Vinca minor*) 'Illumination' (B).

Das dunkelgrüne Laub und die übergebogenen Zweige von *Sarcococca hookeriana* var. *digyna* 🏆 (C) kontrastieren angenehm mit den cremefarben gesäumten Blattrosetten des Japanischen Ysanders (*Pachysandra terminalis*) 'Variegata' 🏆 (D).

Das goldgelb gezeichnete Laub des Kletternden Spindelstrauchs (*Euonymus fortunei*) 'Emerald 'n' Gold' 🏆 (E) nimmt im Frühjahr die Blütenfarbe der Gewöhnlichen Mahonie (*Mahonia aquifolium*) 'Apollo' 🏆 (F) auf und setzt zugleich einen Kontrast zu deren dunkelgrünem Laub.

Blütensträucher

Immergrüne sowie große sommergrüne Blütensträucher bilden das Rückgrat des Gartens. In ihnen finden wir das Beste zweier Welten, denn sie schaffen Struktur und warten zugleich mit einer farbenfrohen, manchmal sogar duftenden Show auf. Immergrüne garantieren bleibenden Charakter, während sommergrüne Sträucher das ganze Jahr über für Abwechslung auf Augenhöhe gut sind.

Sämtliche immergrünen Laubgehölze tragen Blüten, doch die bisher vorgestellten Arten werden in erster Linie ihrer Blätter wegen gezogen. Die im Folgenden beschriebenen Sträucher ziehen wir ihres Laubs und ihrer Blüten wegen.

Immergrüne Blütensträucher

Darwins Berberitze (*Berberis darwinii*) 🏆 gilt vielen als reiner Heckenstrauch, doch wenn man dieses Gehölz nicht schneidet, wächst es zu einem bis zu 3 m hohen Busch von elegantem, dichtem Habitus heran. Zur Frühjahrsmitte ist der mit glänzend dunkelgrünen, ilexartigen Blättchen besetzte Strauch kaum wiederzuerkennen, denn nun öffnen sich an den Zweigen von oben bis unten orangerote Knospenbüschel zu winzigen Blüten in leuchtendem Orange. Wenn der Strauch nicht zu groß werden soll, empfiehlt sich ein Schnitt im Anschluss an die Blüte.

Die leider nicht sehr frostharten immergrünen Säckelblumen (*Ceanothus*) sind höchst spektakuläre Blütensträucher. Sie erfüllen sämtliche Forderungen des ungeduldigen Gärtners: rascher Wuchs, glänzendes immergrünes Laub sowie herrliche Blüten schon an der jungen Pflanze. Die meisten blühen im Spätfrühling oder Frühsommer, einige wenige im Herbst. Säckelblumen sind nicht sehr langlebig – mehr als acht bis zehn Jahre sollte man nicht erwarten. Pflanzen Sie daher beizeiten Ersatz. Einen Rückschnitt nehmen sie übel, erst recht, wenn er bis ins alte Holz geht, und so empfiehlt es sich, für diese wüchsigen Gesellen von vornherein genügend Raum einzuplanen.

Eine der schönsten Säckelblumen ist *C.* 'Concha' 🏆; wenn sich im späten Frühjahr die rötlichen Blütenknospen öffnen, verwandelt sich der Strauch in eine saphirblaue Wolke. Diese Sorte wächst aufrecht-überhängend und lässt sich gut mit niedrigen Sträuchern unterpflanzen. *C.* 'Autumnal Blue' 🏆 öffnet im Spätsommer ihre Blüten und wird bis zu 3 m hoch. Sie eignet sich bei durchlässigem Boden für einen warmen, vor kaltem Wind geschützten Standort und ist weniger frostempfindlich als die Blaue Säckelblume (*C. thyrsiflorus*) 'Skylark' 🏆. Diese besticht mit ihrer erst im Frühsommer erfolgenden Blüte. Sie wächst kräftig und aufrecht, trägt smaragdgrünes Laub und leuchtend blaue Blüten in dichten Büscheln.

Die Mexikanische Orangenblume (*Choisya ternata*) 🏆 ist nicht verlässlich winterhart, lohnt jedoch an geschütztem Standort unbedingt das Experiment. Der bis zu 1,5 m hohe, rundliche Strauch trägt hellgrünes, stark aromatisches Laub und dazu im Frühjahr duftende, weiße Blüten mit einer Nachblüte im Herbst. Die Orangenblume nimmt mit jedem Boden vorlieb, solange dieser nicht staunass ist. Zwar gedeiht der Strauch im Schatten, doch am sonnigen Standort blüht er besser. Unübersehbar, allerdings manchmal reichlich dominant ist das leuchtend gel-

1 | Die raschwüchsige, immergrüne Blaue Säckelblume (*Ceanothus thyrsiflorus*) 'Skylark' blüht im Frühsommer saphirblau.

2 | Darwins Berberitze (*Berberis darwinii*)

3 | Orangenblume (*Choisya*) 'Aztec Pearl'

Empfehlenswerte exotische Blütensträucher Echter Gewürzstrauch (*Calycanthus floridus*) • Glockige Prachtglocke (*Enkianthus campanulatus*) • Breitblättrige Lorbeerrose (*Kalmia latifolia*) • Purpur-Magnolie (*Magnolia liliiflora*) 'Nigra' • Strauch-Pfingstrose (*Paeonia × suffruticosa*)

1

2

3

Duftende Immergrüne

Die hohe immergrüne Japanische Mahonie (*Mahonia japonica*) (unten) trägt ilexartiges Laub; im Spätwinter und Frühjahr durchweht der zarte Maiglöckchenduft ihrer hellgelben Blütenständen den Garten. Burkwoods Duftblüte (*Osmanthus × burkwoodii*) 🏆 (siehe Seite 90) beeindruckt mit betörend duftenden Blüten. Die Mexikanische Orangenblume (*Choisya ternata*) 🏆 trägt im Frühjahr duftende, weiße Blüten; im Herbst folgt eine leichte Nachblüte.

Blühende Immergrüne für sauren Boden

Wer auf saurem Boden gärtnert, braucht sich über einen Mangel an blühenden Immergrünen nicht zu beklagen. Am beliebtesten sind Rhododendren (unten 'September Song') und immergrüne Azaleen (*Rhododendron*) sowie Lavendelheide (*Pieris*). Da sich viele dieser Schönheiten für die Kübelhaltung eignen, muss bei alkalischem Boden nicht ganz auf sie verzichtet werden. Diese Sträucher bezaubern mit einer spektakulären Blütenschau zu immergrünem Laub.

4

5

6

7

8

be Laub der Sorte **'Lich'** (SUNDANCE) 🏆 (siehe Seite 113), die unbedingt einen Winterschutz benötigt. ***C.* 'Aztec Pearl'** 🏆 trägt auffallend schmales Laub und im Spätfrühling Unmengen weißer Blüten; diese Hybride soll wie 'Limo' (GOLDFINGERS) und 'White Dazzer' winterhärter sein als andere Sorten.

Am Lavendel **(*Lavandula*)** lieben wir den Duft und die zarten Farben. Die Hauptsaison der meisten Arten liegt im Hochsommer, doch bei ***L. pedunculata*** 🏆 beginnt die Blüte bereits gegen Ende des Frühjahrs und setzt sich, sofern wir ein wenig ausputzen und stutzen, bis in den Herbst hinein fort. Neben den »geflügelten« Blütenköpfen bezaubert sein herrlich aromatisches, graugrünes Laub, das sich in jegliche Pflanzenkombination auf vollsonnigen, durchlässigen Böden wunderbar einfügt.

Sommergrüne Blütensträucher

Viele laubabwerfende Sträucher blühen bereits im Winter oder im Vorfrühling am kahlen Geäst. Ohne umgebendes Blattwerk muten ihre Blüten zart und zerbrechlich an. Zu den frühesten Blühern zählen die Arten und Sorten der Zaubernuss **(*Hamamelis*)**. Diese prächtigen, lichten Großsträucher gedeihen am besten auf fruchtbarem saurem bis neutralem Boden. Selbst große Exemplare beanspruchen ihren Standort nicht für sich allein, denn man kann sie hervorragend unterpflanzen. Viele zeichnen sich durch eine exquisite Herbstfärbung aus. Die zartgelben, duftenden Spinnenblüten der sehr verlässlichen Hybrid-Zaubernuss **(*H.* × *intermedia*) 'Pallida'** 🏆 heben sich vor einem dunklen Hintergrund besonders gut ab, und die orangegelben Blüten von ***H.* × *intermedia* 'Jelena'** 🏆 wirken gegen den blauen Winterhimmel phänomenal.

Viele seit alters her beliebte Frühjahrssträucher sind groß und massig, eignen sich also weniger für die Schlüsselpositionen im Garten. Kombiniert man sie jedoch mit anderen Gehölzen zu einem Sichtschutz, so leisten sie im zeitigen Frühjahr einen schönen Farbbeitrag, wie am Beispiel der Garten-Forsythie (*Forsythia* × *intermedia*) 'Spectabilis' gut zu sehen ist.

Magnolien **(*Magnolia*)** sind ausgesprochen exotische Sträucher, die mit extravaganten Blütenkelchen an eleganten Zweigen orientalisches Flair verbreiten. Da ein Rückschnitt ihren Kronenaufbau verdirbt, sollte von vornherein eine Auslese gewählt werden, die für den Standort nicht zu groß wird. Die kompakte Stern-Magnolie **(*M. stellata*)** 🏆 macht in dieser Hinsicht nur selten Probleme; auch sind ihre grazileren Blüten vergleichsweise wetterfest. Eine der besten und beliebtesten Auslesen ist ***M. stellata* 'Waterlily'** 🏆 mit weißen Blütensternen.

Am Flieder **(*Syringa*)** lieben wir seine gewaltigen, duftenden Blütenstände. Der Strauch selbst zählt nicht gerade zu den elegantesten Erscheinungen, doch für den Hintergrund einer Rabatte sind die Auslesen des Garten-Flieders **(*S. vulgaris*)** ideal, sofern man alljährlich nach der Blüte einige Triebe etwas tiefer bei kräftigen Verzweigungen herausschneidet. **'Madame Lemoine'** z.B. erblüht weiß aus rahmfarbenen Knospen.

Wenn das Frühjahr in den Sommer übergeht, sollte kein Garten den herrlichen Duft des Pfeifenstrauchs **(*Philadelphus*)** missen. Bei genügend Platz empfiehlt sich ***P.* 'Belle Etoile'** 🏆; er trägt rahmweiße Blüten mit rosalila Basalfleck und goldenen Staubfäden. Erhalten Sie den elegant überhängenden Habitus dieser Sorte, indem Sie einige abgeblühte Triebe herausnehmen (siehe Zweite Blüte dank Kletterpflanzen Seite 98). Bei weniger Platz ist der gefüllt blühende ***P.* 'Manteau d'Hermine'** 🏆 eine gute Wahl, denn er wird nur 1 m hoch.

Die Gattung der Schneebälle **(*Viburnum*)** ist derart mannigfaltig, dass es schwerfällt, die schönsten Arten und Sorten zu benennen. Der etagenförmig aufgebaute Japanische Schneeball **(*V. plicatum*) 'Mariesii'** 🏆 ist im Spätfrühling überwältigend, wenn ihn zahllose weiße Blütenteller in eine Zuckerbäckertorte verwandeln. Lange hält diese Pracht nicht an, doch mit seinem eleganten Habitus bleibt der Strauch das ganze Jahr attraktiv. Diese stattliche Sorte eignet sich gut für den Landhausgarten

---

4 | Hybrid-Zaubernuss (*Hamamelis* × *intermedia*) 'Pallida'

5 | Garten-Forsythie (*Forsythia* × *intermedia*) 'Spectabilis'

6 | Stern-Magnolie (*Magnolia stellata*)

7 | Garten-Flieder (*Syringa vulgaris*) 'Madame Lemoine'

8 | Pfeifenstrauch (*Philadelphus*) 'Belle Etoile'

Empfehlenswerte blühende Solitäre Blumen-Hartriegel (*Cornus florida*) 'Cherokee Chief' • Japanischer Blumen-Hartriegel (*Cornus kousa*) 'Satomi' • Perückenstrauch (*Cotinus*) 'Grace' • *Mahonia* × *media* 'Winter Sun' • Burkwoods Schneeball (*Viburnum* × *burkwoodii*) 'Mohawk'

9

10

Zweite Blüte dank Kletterpflanzen

A

B

C

D

Verlängern Sie die Blütezeit hoher sommergrüner Sträucher mit Raffinesse: Lassen Sie zarte Kletterpflanzen hineinranken.

Kombinieren Sie den Pfeifenstrauch (*Philadelphus*) 'Belle Etoile' 🏆 (A) mit der Waldrebe (*Clematis*) 'Alba Luxurians' 🏆 (B). Nachdem der Blütenflor des Pfeifenstrauchs vergangen ist, erobert die Waldrebe seine Zweige und öffnet hoch oben ihre weißen, nickenden Blüten. Schneiden Sie sie im Spätwinter auf 45 cm herunter. Nehmen Sie einige Zweige des Pfeifenstrauchs direkt nach der Blüte komplett heraus.

Lassen Sie die Breitblättrige Platterbse (*Lathyrus latifolius*) 'Albus' 🏆 (C) in den aufrechten Zweigen des Gewöhnlichen Schneeballs (*Viburnum opulus*) 'Roseum' (D) ranken, wo sie ihre reinweißen Blüten hervorblitzen lässt, nachdem der Schneeball längst nur noch Blätter trägt. Die Platterbse zieht zum Winter vollständig ein. Nehmen Sie vom Schneeball einige Triebe heraus, nachdem dieser geblüht hat.

und als Solitär im Rasen. Auch der Gewöhnliche Schneeball (*V. opulus*) **'Roseum'** lässt sich so verwenden; wenn sich im Frühjahr das Hellgrün der jungen Blütenbälle zunächst zu Rahmweiß, dann zu strahlendem Weiß aufhellt und die Zweige sich unter der schweren Last neigen, ist dieser Strauch ein Gedicht (siehe Kasten linke Seite).

Hortensien (***Hydrangea***) sind die Stars des Sommer- und Herbstgartens. Die sehr haltbaren Blüten der Ballhortensien bleiben sogar nach dem Verblühen noch attraktiv. Eine der schönsten ist ***H.* 'Preziosa'** 🏆 mit violett überhauchtem Laub; ihre großen Blütenbälle erblühen pink und altern zu kräftigem Rotviolett. Ball- und Tellerhortensien gedeihen in der Sonne ebenso wie in lichtem Schatten. Für den Rabattenhintergrund ist die Rispen-Hortensie (***H. paniculata***) eine ausgezeichnete Wahl. Schneiden Sie bei diese Art im zeitigen Frühjahr alle vorjährigen Triebe auf zwei bis drei Augenpaare zurück. Ihre aufrecht wachsende Sorte **'Kyushu'** 🏆 erreicht eine Höhe von 1,5 m; ihre rahmweißen Blütenrispen mit winzigen fruchtbaren und größeren sterilen Blüten erinnern an Flieder.

Sommergrüne Blütensträucher mit Blattschmuck

Hat ein größerer sommergrüner Strauch nach der Blüte nur noch schlichtes Grün zu bieten, so stellt er im kleinen Garten eine geradezu extravagante Platzverschwendung dar. Wählen Sie stattdessen ein Gehölz, das neben der Blüte auch mit seinem Laub besticht.

Die nicht überall winterharte Großblütige Abelie (***Abelia × grandiflora***) 🏆 ist ein wüchsiger halbimmergrüner Strauch mit überhängendem Habitus und glänzendem Laub. Vom Hochsommer an schmückt er sich bis weit in den Herbst hinein mit rosigen Blüten, die beim Abfallen ihre rosaroten Blütenkelche am Busch zurücklassen. Der Strauch kann ziemlich groß werden; halten Sie ihn im Zaum, indem Sie regelmäßig einige Triebe bis zur Basis zurücknehmen.

Sommerflieder (***Buddleja***) ist zu Recht beliebt, denn seine süß duftenden Blüten locken Schmetterlinge und zahlreiche andere Insekten an. Vom Spätfrühling bis zum Laubfall stellt ***B.* 'Lochinch'** 🏆 mit dem attraktiven silbergrauen Laub ein wahres Schmuckstück in der Rabatte dar. Die jüngere

9 | Japanischer Schneeball (*Viburnum plicatum*) 'Mariesii'

10 | Rispen-Hortensie (*Hydrangea paniculata*) 'Kyushu'

11 | Sommerflieder (*Buddleja*) 'Lochinch'

12 | Großblütige Abelie (*Abelia × grandiflora*)

Empfehlenswerte Blütensträucher mit farbigem Laub Japanischer Losbaum (*Clerodendrum trichotomum*) 'Carnival' • Kornelkirsche (*Cornus mas*) 'Variegata' • Fuchsie (*Fuchsia*) 'Genii' • Hortensie (*Hydrangea*) 'Preziosa' • Virginische Blasenspiere (*Physocarpus opulifolius*) 'Nugget'

Rosenpartner

Rosen (*Rosa*) vertragen sich häufig gut mit anderen Sträuchern.

Die Liebliche Weigelie (*Weigela florida*) 'Foliis purpureis' 🏆 (A) beginnt den frühsommerlichen Reigen mit rosa Blüten zu weichem, braunviolettem Laub. Später folgt 'Rosemoor' (B) mit Blüten in kräftigem Pink, die sich gut gegen das dunkle Weigelienlaub absetzen. Nehmen Sie im Sommer einige abgeblühte Triebe der Weigelie komplett herunter; der Rosenschnitt hat bis zum Winter Zeit.

Mit seinem silbrigen Laub stellt der Sommerflieder (*Buddleja*) 'Silver Anniversary' (C) einen hocheleganten Partner zum frischgrünen Laub und den wohlgeformten reinweißen Rosen von 'Schneewittchen' 🏆 (D) dar. Die weißen Blüten des Sommerflieders füllen die Pause zwischen der ersten und der zweiten Rosenblüte.

15

Auslese *B.* **'Silver Anniversary'** blüht weiß zu elegantem silbrigem Laub und ist damit ein besonders wertvoller Blattschmuckstrauch für den weißen Garten (siehe Rosenpartner linke Seite).

Wenn im Frühsommer die Zweige des Pfeifenstrauchs **(*Philadelphus*)** unter seinem Blütenrausch versinken, ist der Garten von betörendem Duft erfüllt. ***P. coronarius*** **'Aureus'** 🏆, eine Auslese des Gewöhnlichen Pfeifenstrauchs, zeichnet sich zusätzlich durch vorzügliches goldgelbes Laub aus. Die dominante Farbe besticht vor allem in gelben Pflanzkombinationen sowie als Partner von Wolfsmilchgewächsen (siehe Seite 114) und Weichem Frauenmantel (*Alchemilla mollis*, siehe Seite 120/121). An schattigen Plätzen bleibt sein Laub mandelgrün; hier ist er vor Sonnenbrand sicher, der in voller Sonne droht. Bei der dekorativen Auslese ***P. coronarius*** **'Variegatus'** 🏆 öffnen sich die duftenden weißen Blüten vor einem zarten Hintergrund aus cremeweiß gezeichneten Blättern. Diese Sorte bevorzugt einen halbschattigen Standort und sollte nicht zu exponiert stehen.

Wer auf saurem Boden gärtnert, findet mit den laubabwerfenden Azaleen **(*Rhododendron*)** elegante lichte Sträucher, die sich als Pflanzpartner ebenso bewähren wie als Solisten. Die zarten Blüten öffnen sich verlässlich im Spätfrühling, und viele verströmen einen herrlichen Duft. Später darf man sich auf wunderbare Herbstfarben freuen – eine Show, die der Blüte in nichts nachsteht. Zwei Sorten, die sich sowohl durch Blütenduft als auch durch attraktives Herbstlaub auszeichnen, sind die feuerrote **'Fireball'** 🏆 und die zartrosa blühende Auslese **'Irene Koster'** 🏆. Die herrliche Pontische Azalee **(*R. luteum*)** 🏆 mit ihren gelben, nach Geißblatt duftenden Blüten ist ein Muss für den naturhaften Garten.

Weigelien **(*Weigela*)** sind verlässliche Sommerblüher, die auf sämtlichen Böden einschließlich Kalk und Ton hervorragend gedeihen. Die Liebliche Weigelie **(*W. florida*)** **'Foliis Purpureis'** 🏆 trägt malvenrosa Trompetenblüten zu braunviolettem Laub. Zwar rückt die Laubfarbe den Strauch nicht in den Vordergrund, doch sie verträgt sich ausgezeichnet mit Stauden und Strauchrosen (*Rosa*), deren Blüte auf die der Weigelie folgt (siehe Rosenpartner linke Seite). Ein wenig auffälliger ist die jüngere Auslese ***W. florida*** **'Alexandra'** (Wine and Roses) mit glänzendem bronzerotem Blatt. ***W. florida*** **'Variegata'** 🏆 ist einer der schönsten buntblättrigen Sträucher überhaupt; zu ihrem hell gesäumten Laub gesellen sich im Frühsommer zahlreiche perlmuttrosa Blüten. Mit ihrem locker überhängenden Wuchs fügen sich Weigelien gut in eine zwanglose Gestaltung ein.

---

13 | *Lavandula pedunculata*

14 | Gewöhnlicher Pfeifenstrauch (*Philadelphus coronarius*) 'Variegatus'

15 | Azalee (*Rhododendron*) 'Irene Koster'

Architektonische Gestalten

Pflanzen von auffallend architektonischer Figur sind auf vielfältige Weise im Garten einsetzbar. Eingebettet in die mittlere und untere Ebene des Gartenbilds werden diese prägnanten Formen zum unübersehbaren Blickfang. Verwenden Sie sie als Solitäre in Kübeln, auf Kiesflächen und inmitten von Bodendeckern, wo sie ein Gegengewicht zu der schweren Präsenz von Steinpflaster, Wänden und Mauerwerk bilden, oder setzen Sie damit in Gruppenpflanzungen einen frappierenden Kontrast zu den sanft gerundeten Formen anderer Pflanzen.

Meist assoziieren wir architektonische Pflanzen mit modernem Design, doch tatsächlich ist ihre Verwendung im Garten gar nicht so neu. Bereits William Robinson propagierte im 19. Jahrhundert die Einbindung von auffälligen Blattschmuckpflanzen und Exoten in naturhafte Umgebungen.

Architektonische Immergrüne

Jedes hohe, schlanke Gehölz setzt einen architektonischen Akzent. Besonders dominant zeigen sich größere Exemplare, ab einem gewissen Alter beispielsweise die Säulen-Eibe (*Taxus baccata*) **'Fastigiata'** 🏆. Auch niedrigere schlanke Gehölze setzen Ausrufungszeichen in die Beete. Die steif aufrechte Japanische Stechpalme (***Ilex crenata***) **'Fastigiata'** hat aufstrebende Triebe, die bis zur Basis mit dunkelgrünen, konvexen Blättern besetzt sind (siehe Gute Pflanzpartner unten). ***Ligustrum japonicum*** **'Rotundifolium'** ist eine ungewöhnliche Auslese des Japanischen Ligusters; seine runden, ledrigen, dunkelgrünen, nahezu stiellosen Blätter mit wie gewachst erscheinendem Rand sitzen derart dicht an den aufrechten Trieben, dass diese fast wie Säulen erscheinen. Diese Pflanze können Sie in einem modernen Marmor- oder Edelstahlcontainer sehr dramatisch inszenieren.

Gute Pflanzpartner

Neben Pflanzen mit ausgeprägt vertikalen Linien erscheint Davids Schneeball (*Viburnum davidii*) 🏆 (A) besonders auffällig. Bambusarten wie *Phyllostachys aureosulcata* 'Aureocaulis' (B), die um ihrer dekorativen Halme willen gezogen werden, sind ausgezeichnete Begleiter.

Die schattenliebende schlanke Japanische Stechpalme (*Ilex crenata*) 'Fastigiata' (C) empfiehlt sich für schmale Winkel – dazu als Unterpflanzung ein kleinblättriger bunter Gewöhnlicher Efeu wie *Hedera helix* 'Harald' (D).

Empfehlenswerte Pflanzen mit schwertförmigem Laub Montbretie (*Crocosmia*) 'Lucifer' • Übelriechende Schwertlilie (*Iris foetidissima*) • Sibirische Schwertlilie (*Iris sibirica*) • Fackellilie (*Kniphofia*) 'Atlanta' • Riesen-Federgras (*Stipa gigantea*) • Schlaffe Palmlilie (*Yucca flaccida*) 'Golden Sword'

Wie stark ein immergrüner Strauch einen Raum prägt, hängt vor allem davon ab, wie Sie ihn einsetzen. Geben Sie beispielsweise Davids Schneeball (*Viburnum davidii*) 🏆 genügend Platz, um seine rund 1 m hohe, abgeflachte Kugelgestalt auszubilden, so wirkt er bei gutem Allgemeinzustand ganz fabelhaft. Sein dunkles, tief gefurchtes Laub erscheint im Halbschatten besonders plastisch.

Architektonischer Bambus

Das Verhältnis der Gartenwelt zum Bambus ist gespalten: Die einen lieben ihn, die anderen hassen ihn. So mancher verbringt seine Zeit damit, eine Invasion kriechender Rhizome in seinem Garten zu verhindern; andere wiederum hätscheln und päppeln weniger robuste, dafür aber höchst begehrenswerte Exemplare.

Bambus ist sehr vielseitig: Zwergsorten sind gute Bodendecker für den Schatten, robuste Arten eignen sich ausgezeichnet als Wind- und Sichtschutz, und buntlaubige Sorten sehen im Container ganz famos aus. Die schönsten Arten aber werden wegen ihrer Halme gezogen. Staunasse Standorte mögen diese Riesengräser nicht, doch ständig frischen Boden wissen sie sehr zu schätzen. Viele Arten gedeihen am besten in Wassernähe, wo das Spiegelbild ihre schlanke Figur zusätzlich unterstreicht. Zu den Arten mit den schönsten Halmen zählt der Schwarzrohrbambus (*Phyllostachys nigra*) 🏆.

1 | *Phyllostachys aureosulcata* 'Aureocaulis'

2 | Schwarzrohrbambus (*Phyllostachys nigra*)

Bambusrohr im Blick

Geben Sie Bambus mit dekorativen Halmen Gelegenheit, diese zu zeigen: Lassen Sie die vertikalen Sprosse ungehindert aus Kies oder niedrigen Bodendeckern emporstreben, und entfernen Sie die untersten Verzweigungen, damit die dickeren Halme besser sichtbar sind. Wer Bambus hinter anderen Sträuchern oder Stauden versteckt, macht ihn zu einem banalen grünen Busch.

Empfehlenswerte Pflanzen mit auffälligem Laub Altai-Bergenie (*Bergenia cordifolia*) 'Purpurea' • Blumenrohr (*Canna*) 'Durban' (Tropicanna) • Hybrid-Trompetenbaum (*Catalpa* × *erubescens*) 'Purpurea' • Kardy (*Cynara cardunculus*) • Gelbe Scheinkalla (*Lysichiton americanus*) • Japanische Faser-Banane (*Musa basjoo*) • *Onopordum nervosum*

A

B

Koniferen werden viel zu selten so geschätzt, wie sie es angesichts ihrer Vorzüge verdient hätten. Sie sind pflegeleicht, passen zur modernen wie zur klassischen Gestaltung und bleiben mit ihrem immergrünen Laub das ganze Jahr attraktiv. Für den kleineren Garten finden sich viele kompakt bleibende Sorten.

Dicht gedrängte goldgrüne Triebspitzen sind charakteristisch für Lawsons Scheinzypresse (*Chamaecyparis lawsoniana*) 'Aurea Densa' 🏆 (A), die langsam zu einem kegelförmigen Strauch von 2 m Höhe heranwächst.

Die Hinoki-Scheinzypresse (*Chamaecyparis obtusa*) 'Nana Gracilis' 🏆 entwickelt sich gelegentlich zu einem großen, kegelförmigen Strauch, bleibt jedoch normalerweise bei 2 m Höhe. Ihre muschelförmigen, smaragdgrünen Triebspitzen hellen zum Rand hin auf.

Die zwergwüchsige Japanische Sicheltanne (*Cryptomeria japonica*) 'Vilmoriniana' 🏆 erreicht in zehn Jahren maximal 30 cm Höhe. Ihr dicht gedrängtes Laub bildet eine dunkelgrüne Kugel und verfärbt sich im Winter rotviolett.

Die Zwergform des Heide-Wacholders (*Juniperus communis*) 'Compressa' 🏆 wächst langsam zu einer kompakten, zugespitzten, silbrig grünen Säule von 60 cm Höhe heran. Die Sorte ist gut für die Kübelhaltung geeignet.

Die dicht benadelte Blau-Fichte (*Picea pungens*) 'Glauca Globosa' 🏆 ist von abgeflachter Kugelform und erreicht schließlich 60 cm Höhe.

Der Abendländische Lebensbaum (*Thuja occidentalis*) 'Smaragd' 🏆 (B) ist ein besonders wertvoller Strukturgeber. Bei schmal kegelförmigem Wuchs erreicht er maximal 3 m Höhe. Dieses überaus dichte, leuchtend grüne Gehölz ist eine gute Alternative zu geschnittenen Eiben- oder Buchsbaumkegeln; es passt in den formalen Garten oder als ordnendes Element in die gemischte Rabatte.

Seine bis zu 3 m hohen, elegant übergeneigten Triebe sind zunächst grün, werden dann braun und färben sich bei voller Sonne und genügend Wärme schließlich schwarz aus. Eine andere vorzügliche Art ist der sehr winterharte Goldrohrbambus (***Phyllostachys aurea***) 🏆, der sich zu 3 m hohen dichten, überhängenden Büschen entwickelt. Die anfangs grünen Halme reifen hellgelb oder – in voller Sonne – blassgelb aus. Noch höher wird ***Phyllostachys aureosulcata*** **'Aureocaulis'** 🏆; seine bis zu 5 m hohen, zunächst rötlichen Halme werden im Alter goldgelb, wobei die Rillen immer grün bleiben.

Koniferenverwendung

Koniferen laufen im Winter und im zeitigen Frühjahr zur Höchstform auf – ohne die Konkurrenz sommergrüner Gesellschaft zeigt sich ihr Nadelkleid nun von seiner schönsten Seite. Die Palette reicht von Grün über Gold bis hin zu Bronzefarben und wird nur noch von der Vielfalt an Wuchsformen und Texturen übertroffen: Aufrecht, breitwüchsig, kegel- oder säulenförmig, nachgiebig oder steif – für jede Pflanzengestalt findet sich ein großes oder kleines Nadelgehölz als Kontrast.

Manche Koniferen wirken mit ihrem Habitus und ihrer Benadelung derart individuell, dass sie sich nur schwer mit anderen Pflanzen kombinieren lassen. So empfinden wir z.B. die große gelbe Lawsons Scheinzypresse (***Chamaecyparis lawsoniana***) **'Stardust'** 🏆 mit ihrer auffälligen Farbe, dem kegelförmigen Wuchs und der unverkennbar züchterisch erzielten Anmutung in einem Landhausgarten als vollkommen fehl am Platz. Grundsätzlich machen sich die meisten Koniferen dort am besten, wo man ihren charakteristischen Wuchs und ihre Individualität ohne rivalisierende Nachbarn würdigen kann. Gut vertragen sie sich mit anderen Koniferen sowie mit Heidekrautgewächsen und Gräsern.

Architektonische Stauden

Etliche einziehende Stauden zeichnen sich durch großformatiges, herrlich dramatisches Laub aus. Mit Ligularie (***Ligularia***), Schaublatt (***Rodgersia***) und Schildblatt (***Darmera***) sowie dem großformatigen Handlappigen Rhabarber (***Rheum palmatum***) und verwandten Arten steht besonders für feuchte Böden eine herrliche Auswahl an auffälligen Blattpflanzen zur Verfügung. Alle jedoch übertrifft das gewaltige Mammutblatt (***Gunnera manicata***) 🏆 mit seinem ausladenden Rhabarberlaub, das im Sommer bei günstigen Bedingungen mehr als mannshoch steht.

Der Stachlige Akanthus (***Acanthus spinosus***) 🏆 ist mit seinen statuesken Blütenähren und den großen stachelbewehrten Blättern eine unübersehbare Präsenz, ob in der Rabatte, als Solitär auf einer Kies-

Formierte Gehölze als ordnendes Element

Formschnittgehölze werden meist als Solitäre in formaler Umgebung eingesetzt, doch auch in einem eher natürlich gehaltenen Garten kommt ihnen Signalwirkung zu. Der ausgesprochen unkomplizierte Europäische Buchsbaum (*Buxus sempervirens*) 🏆 lässt sich hervorragend in Kugel- oder Kegelform erziehen (siehe Seite 87-89). Die Europäische Eibe (*Taxus baccata*) 🏆 ist mit ihrem undurchdringlichen Wuchs die plakativste Heckenpflanze und auch für den Formschnitt ausgezeichnet geeignet (oben; siehe auch Seite 87-90).

fläche oder neben einer Pflasterfläche. Er gedeiht in Sonne und Halbschatten auf den meisten Böden. Funkien (*Hosta*) ordnen ihr schönes Laub zu einem sehr ansprechenden Bild. Besonders spannend sind die großblättrigen Sorten, allen voran ***H.* 'Sum and Substance'** 🏆 mit riesigen, breiten, gelbgrünen Blättern. Die Blaublatt-Funkie (***H. sieboldiana***) **'Elegans'** 🏆 geht mit ihrem ausladenden, geknautschten Laub eine besonders schöne Partnerschaft mit Griffiths Wolfsmilch (***Euphorbia griffithii***) **'Fireglow'** ein.

Weißer Federmohn (***Macleaya cordata***) 🏆 und Ockerfarbiger Federmohn (***M. microcarpa***) sind perfekt für den Hintergrund der Rabatte, wo sie sich mit ihren 2,5 m hohen Stängeln an die benachbarten Sträucher anlehnen. Noch dekorativer als die luftigen Blütenwedel ist ihr faszinierendes Laub (siehe Gute Pflanzpartner unten). Federmohn neigt gelegentlich zum Wuchern.

3 | Handlappiger Rhabarber (*Rheum palmatum*)

4 | Griffiths Wolfsmilch (*Euphorbia griffithii*) 'Fireglow'

5 | Blaublatt-Funkie (*Hosta sieboldiana*) 'Elegans'

Gute Pflanzpartner

(A) Die silbrig grünen, an Laubsägearbeiten erinnernden Blätter des Ockerfarbigen Federmohns (*Macleaya microcarpa*) setzen einen fantastischen Kontrast zum pflaumenblauen, rundlichen Laub des Europäischen Perückenstrauchs (*Cotinus coggygria*) 'Royal Purple' 🏆.

(B) Die tiefblauvioletten Blüten des Eisenhuts (*Aconitum*) 'Spark's Variety' 🏆 bilden eine perfekte Ergänzung zu den prägnanten Blütenständen der Bärenklausorte (*Acanthus*) 'Summer Beauty'.

Empfehlenswerte Blütenkerzen Eisenhut (*Aconitum*) 'Stainless Steel' • Große Pfirsichblättrige Glockenblume (*Campanula persicifolia* ssp. *sessiliflora*) • Ligularie (*Ligularia*) 'The Rocket' • Steppen-Salbei (*Salvia nemorosa*) • Chaix-Königskerze (*Verbascum chaixii*) 'Album' • Virginischer Arzneiehrenpreis (*Veronicastrum virginicum*)

Auffällige Blütenstände

Lupinen (*Lupinus*) schmücken sich im Frühsommer mit schönen Blütenständen. Die meisten Sorten werden etwa 90 cm hoch. (A) Hybride der Vielblättrigen Lupine (*L. polyphyllus*)

Spektakulär ragen im Sommer die flaschenbürstenartigen Blütenähren der Steppenkerzen (*Eremurus*) empor. Manche Formen erreichen über 2 m Höhe. (B) Isabellen-Steppenkerze (*E. × isabellinus*) 'Cleopatra'

Die bis zu 2 m hohen Stängel des Fingerhuts (*Digitalis*) sind im Sommer mit zahllosen Lippenblüten besetzt. (C) Rostiger Fingerhut (*D. ferruginea*) 🏆

Rittersporn (*Delphinium*) bringt prächtige Blütenkerzen in Blau, Violett, Rosa und Weiß hervor; manche Sorten stehen über 2 m hoch. (D) Hoher Rittersporn (D. Elatum Grp.)

Die Palisaden-Wolfsmilch (*Euphorbia characias*) (E) ist mit ihren aufrechten, in dichtes, blaugrünes Laub gekleideten Trieben eine besonders auffällige Art; im Frühjahr schmückt sie sich mit unübersehbaren mandelgrünen Blütenständen

Die verschiedenen Sorten der Fackellilie (*Kniphofia*) tragen vom Frühsommer bis zum Herbst augenfällige Blütenkolben in Rot-, Gelb- und Orangetönen zur Schau. (F) 'Royal Standard' 🏆

Farbiges Laub

Abwechslungsreiche Laubformen und -farben sind das A und O einer gut konzipierten Bepflanzung. Da Blätter eine Pflanze viel länger schmücken als Blüten, lässt sich damit ausgezeichnet der Grundton eines Farbgartens setzen oder unterstreichen. Panaschierte Immergrüne hellen sommerliches Dunkelgrün auf und bringen farbige Abwechslung in den Wintergarten.

Panaschiertes Laub

Bunt gescheckte Blätter heitern hochsommerliches Grün mit hellem Goldgelb und Weiß auf und sind in ihrer Wirkung weißen bzw. gelben Blüten vergleichbar. Im Winter setzen sich buntlaubige Immergrüne gegen kahle Zweige und trockene Stauden ab. In Maßen verwendet hat panaschiertes Laub in fast jedem Garten seinen Platz; allerdings ist es ein Merkmal des gestalteten Gartens und somit in naturhafter Umgebung eher unpassend.

Es gibt nur relativ wenige empfehlenswerte Bäume mit mehrfarbigem Laub, doch diese bringen oberhalb unserer Kopfhöhe auf schöne Weise helle Farbe ins Bild. In einem kleinen Garten beispielsweise kann der buntblättrige Eschen-Ahorn (***Acer negundo***) **'Elegans'** den tristen Blick auf die dunkle Wand des Nachbarhauses unterbrechen. Auf einem weitläufigen Grundstück setzt sich der Gewöhnliche Spitz-Ahorn (***A. platanoides***) **'Drummondii'** mit seinem cremefarben gesäumten Blatt wunderbar gegen dunkellaubige große Bäume ab. Bei beiden Bäumen müssen Triebe, die zu schlichtem Grün zurückschlagen, regelmäßig entfernt werden, damit sie nicht irgendwann die Krone dominieren.

Der Pagoden-Hartriegel (***Cornus controversa***) **'Variegata'** hat unbedingt eine Einzelstellung verdient. Der Großstrauch oder niedrige Baum zeichnet sich durch horizontal gestaffelte Äste mit cremeweiß gesäumtem mattgrünem Laub aus. Er ist in jeder Entwicklungsphase wunderschön und erreicht mit den Jahren eine Höhe von gut 5 m. Dieses herrlich blickdurchlässige Gehölz lässt sich hervorragend im Vordergrund einsetzen; in einem grün-weißen Garten bezaubert es ganz besonders. Wo weniger Platz ist, bietet sich mit dem Wechselblättrigen Hartriegel (***C. alternifolia***) **'Argentea'** 🏆 eine Alternative an. Dieser Strauch hat kleinere, weiß panaschierte Blätter und ist von ähnlichem, noch lichterem Habitus. Wenn Sie relativ früh die Anzahl der Bodentriebe auf einen oder zwei reduzieren, wächst auch er wie ein kleines Bäumchen mit etagenförmiger Krone.

Mit der größten Auswahl an unterschiedlichen Blattzeichnungen warten die immergrünen Sträucher auf. Die buntblättrigen Ölweiden (***Elaeagnus***) gefallen mit ausdauerndem Laub und wuchtiger Statur. Die Dornige Ölweide (***E. pungens***) **'Frederici'** trägt hellgelbes Laub mit schmalem grünem Saum; sie wächst langsamer als die beliebte ***E. pungens*** **'Maculata'** und drängt sich weniger in den Vordergrund. ***E. pungens*** **'Hosuba-fukurin'** ist ebenfalls von kompaktem Wuchs und hat fein cremefarben gesäumtes Laub.

Die immergrünen Arten der Duftblüte (***Osmanthus***) erinnern an Stechpalmen; im Wuchs sind sie rundlicher und kompakter als die Ölweiden. Die Stachelblättrige Duftblüte (***O. heterophyllus***) **'Variegatus'** 🏆 trägt dunkelgrünes, rahmweiß gesäumtes Laub und eignet sich hervorragend für Schattenplätze (siehe Gute Pflanzpartner Seite 146). Das stachelige Laub der beliebtesten Auslese ***O. heterophyllus*** **'Goshiki'** ist mit cremefarbenen und kupfrigen Schlieren gezeichnet. Diese Sorte wächst zu einem gut 1 m hohen kompakten, rundlichen Strauch heran und verträgt sich gut mit vielen anderen Pflanzen.

Unter den laubabwerfenden buntblättrigen Sträuchern bestreiten die Hartriegel (***Cornus***) eindeutig die Königsklasse. Vom Tatarischen Hartriegel (***C. alba***) gibt es etliche Varietäten mit goldgelber oder weißer Panaschierung. **'Elegantissima'** 🏆 ist die bekannteste weißbunte Sorte. Dieser Strauch sollte regelmäßig zurückgeschnitten werden, damit er nicht zu groß wird. **'Sibirica Variegata'** mit weiß gezeichnetem, rosig überhauchtem Blatt bleibt von Natur aus kleiner und eignet sich besser für enge Räume. **'Bailhalo'** (Ivory Halo) mit rahmweiß gesäumtem Blatt und roten Trieben ist ebenfalls eine kompakte Auslese. **'Gouchaultii'** und **'Spaethii'** 🏆

1 | Spitz-Ahorn (*Acer platanoides*) 'Drummondii'

2 | Dornige Ölweide (*Elaeagnus pungens*) 'Frederici'

3 | Stachelblättrige Duftblüte (*Osmanthus heterophyllus*) 'Goshiki'

4 | Kornelkirsche (*Cornus mas*) 'Variegata'

Panaschiertes Laub richtig verwenden

Eine Kombination von Pflanzen, die in denselben Farben gezeichnet sind, bringt jede Gruppenpflanzung groß heraus – besonders wenn man ihnen schlichtgrünes Laub gegenüberstellt. Auffälliges Weiß-Grün wie das der Funkie (*Hosta*) 'Patriot' (A) wirkt besonders schön in Verbindung mit subtil panaschiertem Laub, beispielsweise neben dem marmorierten Großblättrigen Kaukasusvergissmeinnicht (*Brunnera macrophylla*) 'Jack Frost' (B).

Ebenso schön ist das Zusammenspiel unterschiedlich intensiver gelber Musterungen. Was jedoch gar nicht funktioniert, ist die Verbindung von weißbuntem und gelbbuntem Laub. Goldlaubige Pflanzen wie der Trauben-Holunder (*Sambucus racemosa*) 'Sutherland Gold' 🏆 (C) lassen gelbe Blattzeichnungen wie die der Funkie (*Hosta*) 'June' (D) stärker leuchten; von subtiler grün-weißer Panaschierung jedoch lenken sie nur ab.

unterscheiden sich nicht sonderlich voneinander (siehe Gute Pflanzpartner Seite 114). Beide tragen hübsch goldgelb panaschiertes Laub, wobei die erstgenannte Sorte rosig überlaufen und von dezenterer Färbung ist, was sie leichter zu kombinieren macht. Einer der schönsten buntblättrigen Sträucher ist die Kornelkirsche **(*C. mas*) 'Variegata'** 🏆. Sie trägt spitzovales Laub mit dunkelgrüner Mitte und breitem cremefarbenem Rand; dazu kommen der sehr lichte Habitus und gelbe Blütenbüschel, die im ausgehenden Winter die sparrigen, kahlen Zweige besetzen. Im Spätsommer folgen kirschenartige, rote Früchte.

Buntblättrige Funkien wie die bemerkenswerte ***Hosta* 'Patriot'** mit ihren großen, weiß gerandeten Blättern bringen Licht in schattige Winkel und setzen Blickpunkte zwischen Immergrün (*Vinca*), Ysander (*Pachysandra*) und andere Bodendecker. Zu gelb panaschierten Funkien **(*Hosta*)** wie der anmutigen **'June' (Tardiana Grp.)** passt eine Unterpflanzung mit Gewöhnlichem Kleinem Immergrün **(*Vinca minor*) 'Illumination'** (syn. 'Cahill') mit dunkelgrünem, goldgelb gezeichnetem Laub. Wenn sich die Funkie in die Winterruhe zurückzieht, bedeckt das Immergrün weiterhin den Boden (siehe Gute Pflanzpartner Seite 93).

Das Großblättrige Kaukasusvergissmeinnicht **(*Brunnera macrophylla*) 'Jack Frost'** ist eine fabelhafte Staude für den Halbschatten. Seine halbimmergrünen, herzförmigen Blätter sind silbern marmoriert, und im Frühjahr schmückt es sich mit himmelblauen Vergissmeinnichtblüten.

Dunkelrotes Laub

Pflaumenrotes bis schwarzviolettes Laub lässt sich hervorragend kombinieren, denn dunkle Schattierungen vertragen sich gut mit anderen Farbtönen. Zartes Rosa, Flieder und Hellblau heben sie durch den starken Kontrast hervor, und kräftigen, leuchtenden Farben dienen sie als dramatisch verstärkender Hintergrund. Rotviolett passt darüber hinaus ausgezeichnet zu sanftem Silbergrau – ein Zusammenklang, der durch weiße Blüten noch intensiviert wird.

Ein pflaumenrot belaubter Baum setzt ein unübersehbares Zeichen. Dennoch erscheint die rundliche Krone der dunklen Blut-Pflaume (***Prunus cerasifera***) 'Nigra' 🏆 ganz leicht, denn ihre schlanken, wogenden Zweige mit dem zierlichen, schwarzroten Laub wirken ausgesprochen lebendig (siehe auch Seite 157/158). Ausgezeichnete Bäume für den großen Garten sind der Gewöhnliche Spitz-Ahorn (***Acer platanoides***) **'Crimson King'** 🏆 und die Rot-Buche (***Fagus sylvatica***) **'Riversii'** 🏆.

Fächer-Ahorn (***Acer palmatum***) begegnet uns zumeist als strauchig gezogenes Rabattengehölz, doch er kann im Kübel und bei beengtem Raum durchaus die Rolle des Hausbaums übernehmen. Seine roten und rotvioletten Auslesen zählen zu den schönsten buntlaubigen Gehölzen. Die biegsamen, sich überlagernden Zweige reagieren auf die leichteste Brise, und das Laub bezaubert vom ersten Aufplatzen der Knospen bis hin zu den Juwelenfarben des Herbsts. Rotlaubiger Ahorn darf in voller Sonne stehen, verlangt jedoch nach ständig frischem Boden und Schutz vor starkem Wind. Eine der besten Auslesen ist der beliebte **'Bloodgood'** 🏆. Dieser unempfindliche Baum behält sein rotviolettes Laub bis weit in den Herbst hinein. Von den aufrecht wachsenden *A.-palmatum*-Auslesen unterscheiden sich die meisten Sorten der Dissectum-Gruppe durch ihren charakteristisch rundlich-geduckten Habitus. Eine herausragende Auslese dieser Gruppe ist **'Crimson Queen'** 🏆 mit fein geschlitztem, weinrotem Laub.

---

5 | Blut-Pflaume (*Prunus cerasifera*) 'Nigra'

6 | Fächer-Ahorn (*Acer palmatum*) 'Bloodgood'

7 | Fächer-Ahorn (*Acer palmatum* Dissectum Grp.) 'Crimson Queen'

8 | Europäischer Perückenstrauch (*Cotinus coggygria*) 'Royal Purple'

5

6

7

8

Rotes Laub braucht Sonne

Ihre optimale Ausfärbung entwickeln pflaumenrote Sträucher und Stauden nur an einem hellen Standort mit zumindest etwas direkter Sonneneinstrahlung. Im Schatten lässt die Farbintensität nach, und das Laub erscheint grünlich braun.

Die Perückensträucher (***Cotinus***) sind dank ihrer fast kreisrunden Blättern und der spätsommerlichen Blütenwolken unverkennbar. Mehrere Auslesen tragen dunkles, wie satiniert wirkendes Laub in intensiven Farbtönen. Sie schlagen erst spät aus – selten rühren sie sich vor dem Spätfrühling –, doch für diese Wartezeit revanchieren sie sich später im Jahr mit wunderbaren Herbstfarben. ***C.* 'Grace'** ist ein wüchsiger, aufrechter Strauch mit durchscheinendem, kupfrig violettem Laub, das sich im Herbst flammend rot färbt. Platzieren Sie ihn so, dass er im spätnachmittäglichen Gegenlicht aufglüht. Der sehr beliebte Europäische Perückenstrauch **(*C. coggygria*) 'Royal Purple'** 🏆 trägt kleinere, dunkelburgunderrote Blätter. Er wächst zu einem ausgezeichneten runden, bis 3 m hohen Strauch für den Hintergrund heran (siehe Gute Pflanzpartner Seite 106 und rechte Seite).
Unter den dunklen laubabwerfenden Gehölzen ist die aufrecht wachsende Virginische Blasenspiere **(*Physocarpus opulifolius*) 'Diabolo'** 🏆 besonders vielseitig. Mit gezieltem radikalem Schnitt lässt sie sich relativ schmal halten. Ihr schwarzviolettes ahornartiges Laub bildet einen idealen Hintergrund für ausdrucksvolle späte Stauden wie Sonnenbraut (*Helenium*) und Rudbeckie (*Rudbeckia*). Ebenfalls gut wirkt dieser Strauch in Kombination mit verschiedenen Spindelsträuchern (*Euonymus*), dunkelrosa Rosen (*Rosa*) oder knallroten Dahlien (*Dahlia*).
Dunkellaubige Holunder (***Sambucus***) sind raschwüchsige Gesellen, die auf einen starken Rückschnitt im Vorfrühling mit kräftigem aufrechtem Neutrieb und gut ausgefärbtem Laub reagieren. Der Schwarze Holunder **(*S. nigra*) 'Eva'** (BLACK LACE) zeichnet sich durch fein ziseliertes Laub von dunkelstem Schwarzviolett aus; dank seines lockeren Aufbaus lässt er sich gut mit weißbuntem Laub kombinieren.

9 | Schwarzer Holunder (*Sambucus nigra*) 'Eva' (Black Lace)

10 | *Bergenia purpurascens*

11 | Purpurglöckchen (*Heuchera*) 'Plum Pudding'

Gute Pflanzpartner

Neben dem Europäischen Perückenstrauch (*Cotinus coggygria*) 'Royal Purple' 🏆 (A), der im Winter kahl dasteht, sorgt das glänzende, cremefarben panaschierte Blatt des Kletternden Spindelstrauchs (*Euonymus fortunei*) 'Silver Queen' (B) weiterhin für Farbe.

Das Laub des Bewimperten Felberichs (*Lysimachia ciliata*) 'Firecracker' (C) setzt einen dramatischen Kontrapunkt zum maigrünen Austrieb des Gewöhnlichen Pfeifenstrauchs (*Philadelphus coronarius*) 'Aureus' 🏆 und den limettengrünen Blüten der Zypressen-Wolfsmilch (*Euphorbia cyparissias*) 'Fens Ruby' (D).

Unter den Stauden ist der Bewimperte Felberich (***Lysimachia ciliata***) **'Firecracker'** 🏆 ein Muss für den Garten. Seine aufrechten, tiefburgunderfarbenen Stängel mit fast ebenso dunklem Laub beginnen im Spätfrühling zu treiben. Zweitrangig sind die im Hochsommer erscheinenden kleinen, gelben Blüten. Schneiden Sie die Staude zu diesem Zeitpunkt bodennah zurück, um einen Neutrieb mit frischem Laub anzuregen, denn dieses ist weitaus wertvoller als die Blüte (siehe Gute Pflanzpartner oben). Bergenien (***Bergenia***) steuern im Winter kräftige Blattfarben bei und ergänzen das nackte farbige Geäst diverser Auslesen von *Cornus alba* und *C. sanguinea* ganz hervorragend. Zu den starr aufrechten Hartriegeltrieben liefert das runde, glänzende Bergenienlaub das perfekte Kontrastprogramm. ***B. purpurascens*** und die Altai-Bergenie (***B. cordifolia***) **'Purpurea'** 🏆 begeistern beide im Winter und im Vorfrühling mit mahagoniroten Nuancen. Dunkellaubige Purpurglöckchen (***Heuchera***) zählen zu den besten Partnerstauden im Garten, denn sie gedeihen in der Sonne wie im Schatten und auf den meisten Böden. Sie bringen eine besondere Tiefe ins Beet und stellen hellere Partner schön heraus. Die neuen Züchtungen sind wintergrün, was sie für die kalte Jahreszeit besonders interessant macht – probieren Sie sie als Pflanzpartner zu Nieswurzhybriden (*Helleborus*). Eine der beliebtesten *Heuchera*-Sorten ist **'Plum Pudding'** mit locker auseinanderfallenden, silbrig marmorierten pflaumenblauen Blättern. Bei einer Höhe von 30 cm geht diese Staude in der Rabatte gewiss nicht unter.

Goldgelbes Laub

Goldgelbes Laub hebt die Stimmung: Es bringt Pflanzkombinationen zum Leuchten und trägt Licht in den düstersten Winkel. Es harmoniert mit goldgelber Panaschierung und gelben, blauen und orangefarbenen Blüten. Besonders frisch wirkt es mit Weiß; mit Pink wiederum kollidiert es. Sparsam verwendet erweckt es jede Bepflanzung zum Leben; unkontrolliert eingesetzt kann es die Wirkung anderer Pflanzen zunichtemachen.

Der beliebteste gelblaubige Baum ist die Gold-Robinie (***Robinia pseudoacacia***) **'Frisia'** 🏆. Im Sommer neigen sich ihre Zweige unter dem üppigen, gefiederten Laub, dessen Färbung sich mit dem Herbst noch intensiviert. Mit letztendlich 15 m Höhe erreicht dieser Baum eine beachtliche Größe. Ausgesprochen eindrucksvoll zeigt er sich in Kombination mit dunkellaubigen Sträuchern wie dem Europäischen Perückenstrauch (*Cotinus coggygria*) 'Royal Purple' 🏆 (siehe Gute Pflanzpartner oben). Für windexponierte Standorte ist die Gold-Robinie ungeeignet, denn ihre spröden Äste brechen leicht; vorzuziehen wäre hier die ähnlich anmutende Amerikanische Gleditschie (***Gleditsia triacanthos***) **'Sunburst'** 🏆 mit zäheren, waagerecht abgespreizten Ästen und grazilerem Laub.

Ausgesprochen dekorativ, wenn auch nicht überall winterhart ist die immergrüne Mexikanische Orangenblume (***Choisya ternata***) **'Lich'** (SUNDANCE) 🏆, die im Frühjahr und nochmals im Herbst weiß blüht. In voller Sonne färbt sich dieser kuppelförmige

Empfehlenswertes pflaumenrotes Laub Thunbergs Berberitze (*Berberis thunbergii*) 'Helmond Pillar' • Kanadischer Judasbaum (*Cercis canadensis*) 'Forest Pansy' • Echter Salbei (*Salvia officinalis*) 'Purpurascens'

Strauch unglaublich strahlend goldgelb aus; im Schatten beschränkt er sich auf ein eher verhaltenes Maigrün. Dieser Orangenblume sollten unbedingt gelbbunte Partner zur Seite gestellt werden, um die Vehemenz der Blattfarbe zu mildern (siehe Gute Pflanzpartner unten). Die dezenter gefärbte Auslese *C.* 'Limo' (Goldfingers) ist leider noch empfindlicher; sie etabliert sich langsamer und bleicht in voller Sonne aus.

Vielseitiger verwendbar ist die niedrige immergrüne Glänzende Heckenkirsche *(Lonicera nitida)* 'Baggesen's Gold' 🏆, deren dünnes Geäst dicht mit winzigen, gelbgrünen Blättern besetzt ist. Bei entsprechendem Schnitt wächst sie relativ dicht; freiwachsend fällt sie durch ihren lockeren, übergebogenen Habitus auf. Dank der nicht zu dominanten Laubfarbe lässt sich dieser Kleinstrauch gut in die meisten Farbkombinationen einbinden.

Im Vergleich zu den wintergrünen sind laubabwerfende goldlaubige Sträucher einfacher zu verwenden, denn sie stehen mit ihrer Farbe nie allein da. Der duftende, im Frühsommer weiß blühende Gewöhnliche Pfeifenstrauch *(Philadelphus coronarius)* 'Aureus' 🏆 ist eine grazile, relativ aufrechte

Ein Platz für goldenes Laub

Goldgelb zieht alle Blicke an – setzen Sie goldlaubige Sträucher also grundsätzlich dorthin, wohin Sie die Aufmerksamkeit lenken wollen, und niemals an Stellen, wo Sie etwas zu verbergen haben. Diese Farbe dominiert jede Pflanzkombination und sollte daher gut verteilt werden, damit sie nicht zu stark auftrumpft. Manche gelblaubigen Pflanzen versengen in direkter Sonne; im Schatten verlieren alle an Intensität.

12 | Gold-Robinie (*Robinia pseudoacacia*) 'Frisia'

13 | Amerikanische Gleditschie (*Gleditsia triacanthos*) 'Sunburst'

14 | Orangenblume (*Choisya*) 'Limo' (Goldfingers)

15 | Gewöhnlicher Pfeifenstrauch (*Philadelphus coronarius*) 'Aureus'

16 | Perückenstrauch (*Cotinus*) 'Ancot' (Golden Spirit)

17 | Tatarischer Hartriegel (*Cornus alba*) 'Aurea'

Gute Pflanzpartner

Habitus und Laubfarbe der immergrünen Wolfsmilch (*Euphorbia characias* ssp. *wulfenii*) 'Lambrook Gold' 🏆 (A) stehen in schönem Kontrast zu den verholzenden Trieben und dem gelben Laub des Gewöhnlichen Pfeifenstrauchs (*Philadelphus coronarius*) 'Aureus' 🏆 (B).

A

B

C

D

Das kleinteilige Laub und die zurückhaltendere Färbung der Glänzenden Heckenkirsche (*Lonicera nitida*) 'Baggesen's Gold' 🏆 (C) schwächen die kräftige, leuchtend gelbe Zeichnung des Japanischen Spindelstrauchs (*Euonymus japonicus*) 'Chollipo' (D) etwas ab.

Der zart gezeichnete Tatarische Hartriegel (*Cornus alba*) 'Spaethii' 🏆 (E) mildert die krasse Wirkung der gelblaubigen Mexikanischen Orangenblume (*Choisya ternata*) 'Lich' (Sundance) 🏆 (F). Im Winter kommen die nackten, roten Hartriegelzweige schön vor dem bleibenden Laub der Orangenblume zur Geltung.

E

F

Empfehlenswertes goldgelbes Laub Schnee-Heide (*Erica carnea*) 'Aurea' • Virginische Blasenspiere (*Physocarpus opulifolius*) 'Dart's Gold' • Tangutische Himbeere (*Rubus cockburnianus*) 'Goldenvale' • Japanischer Spierstrauch (*Spiraea japonica*) 'Candlelight' • Weigelie (*Weigela*) 'Olympiade' (Briant Rubidor)

12

13

14

15

16

17

Auslese. Im Frühjahr treibt sein Laub zunächst beißend gelbgrün aus, um dann den ganzen Sommer goldgelb zu strahlen. Im Schatten bleibt das Laub mandelgrün. Diese unverwüstliche Pflanze wird auch an vollsonnigem Standort kaum versengt (siehe Gute Pflanzpartner Seite 114).

Auch der Perückenstrauch **(*Cotinus*) 'Ancot'** (GOLDEN SPIRIT) gedeiht an Sonnen- wie an Schattenplätzen; sein goldgelbes, rundes Laub nimmt im Herbst eine flammende Färbung an. Ganz prächtig wirkt dieses Gehölz im Gegenlicht. Schneller wächst der Tatarische Hartriegel **(*Cornus alba*) 'Aurea'** 🏆, der mit dem Laubfall rote Zweige entblößt. Schneiden Sie diesen Strauch im Vorfrühling stark zurück, um strahlenden, kräftigen Neutrieb anzuregen (siehe Gute Pflanzpartner Seite 90).

Das fein zerteilte Laub des Trauben-Holunders **(*Sambucus racemosa*) 'Sutherland Gold'** 🏆 treibt kupfrig aus, um später zu Goldgelb zu reifen. Wie alle Holunder profitiert auch diese raschwüchsige Sorte davon, wenn man einen Teil der Äste im Spätwinter kräftig zurücknimmt. Mit ihrem lockeren Habitus ist sie ein guter Partner für andere Gehölze und erweist sich als besonders wertvoll für naturnahe Gestaltungen sowie den Landhausgarten (siehe Kasten Seite 110).

Silbergraues Laub

Die meisten silbrigen Blattschmuckpflanzen stammen aus mediterranem Klima; sie sind auf trockene Standorte spezialisiert und gedeihen vorzugsweise auf vollsonnigem, durchlässigem Boden. Ebenfalls kennzeichnend für diese Bewohner der Macchia ist ihr niedriger Wuchs, mit dem sie der Austrocknung zusätzlich vorbeugen. Viele dieser Pflanzen produzieren ätherische Öle und steuern damit auch noch ein Dufterlebnis zum Garten bei. Ihr hellsilbriges Laub kontrastiert scharf mit Grün und Pflaumenrot; Farben wie Rosa und Flieder schmeichelt es, und zu Blau und Weiß ist es der perfekte Partner. Silberlaubige Bäume wirken wunderbar leicht und heben sich vorteilhaft vor dunklen Bäumen oder Hausmauern ab. Die Gewöhnliche Mehlbeere **(*Sorbus aria*) 'Lutescens'** 🏆 mit ihrer runden Krone und den steif in die Höhe strebenden dunklen Ästen treibt im Frühjahr unübersehbares silbergraues Laub und bezaubert im Herbst erneut, dieses Mal mit intensivem Gelb. Die übrige Zeit zeigen sich die Blätter mattgraugrün mit silbrig grüner Unterseite.

Die Weiden-Birne **(*Pyrus salicifolia*) 'Pendula'** 🏆, ein kleiner Trauerbaum mit silbergrauem, weidenartigem Laub, schmückt sich im Frühjahr mit rahmweißen Blütenbüscheln. Anfänglich ist ihr Habitus ein wenig ungelenk, doch schon bald entwickelt sie eine schöne, breit überhängende Krone. Vorsichtiger Schnitt erhält ihre Form und ermöglicht eine Unterpflanzung.

Die sommergrüne Ölweide **(*Elaeagnus*) 'Quicksilver'** 🏆 ist womöglich der prächtigste silberlaubige Großstrauch. An biegsamen Zweigen trägt sie schmales, silbriges Laub und im Sommer winzige, duftende Blüten. Mit ihrem ausladenden Wuchs und einer Höhe von gut 4 m ist sie eine ideale Hinterpflanzung für Stauden und Strauchrosen (*Rosa*). Zwei wunderschöne silbergraue Sommerflieder sind ***Buddleja* 'Lochinch'** 🏆 (siehe Seite 99) und ***B.* 'Silver Anniversary'** (siehe Seite 100/101).

Silbrige Zwerggehölze machen sich gut entlang von Pflasterflächen, wo sie die harten Kanten überspielen. Auch sagen ihnen die trockenen Bedingungen von Kiesflächen und Kübeln zu. Am Rand einer Rosen-Stauden-Rabatte sorgen sie unverkrampft für Ordnung und verdecken zugleich die nackten Füße der Sträucher. Geradezu unübertroffen ist der hell strahlende ***Convolvulus cneorum***. Er trägt schmale, seidige Blätter und weiße Trompetenblüten und wird etwa 60 cm breit und hoch. Das fein gesägte filzige Laub des Grauen Heiligenkrauts **(*Santolina chamaecyparissus*)** 🏆 profitiert sehr, wenn man die Pflanze im Frühjahr und nochmals zur Blütezeit im Sommer mit der Schere in Form bringt. Schneiden Sie sie bis zu den Seitentrieben (auf etwa halbe Länge der Zweige) zurück. Heiligenkraut eignet sich für niedrige Einfassungen. Die silbrige Farbe der aromatischen Blattnadeln der Strohblume ***Helichrysum italicum*** 🏆 bleibt den ganzen Winter über erhalten. Diese Pflanze reagiert weniger empfindlich auf Feuchtigkeit als die meisten anderen graulaubigen Halbsträucher (siehe Gute Pflanzpartner Seite 118).

---

18 | Weiden-Birne (*Pyrus salicifolia*) 'Pendula'

19 | Ölweide (*Elaeagnus*) 'Quicksilver'

20 | *Convolvulus cneorum*

21 | Graues Heiligenkraut (*Santolina chamaecyparissus*)

Empfehlenswertes graues Laub Perowskie (*Perovskia*) 'Blue Spire' • Gewöhnlicher Fingerstrauch (*Potentilla fruticosa*) 'Manchu' • Bereifte Rose (*Rosa glauca*) • Rosmarinblättrige Weide (*Salix rosmarinifolia*)

18

19

20

21

Gute Pflanzpartner

Silberglänzendes Currykraut (*Helichrysum italicum* ssp. *serotinum*) kaschiert das welkende Laub des Zier-Lauchs (*Allium*) 'Globemaster' 🏆 und rückt zugleich dessen silbrig violette Blütensterne ins rechte Licht (A).

Das Sonnenröschen (*Helianthemum*) 'Cerise Queen' 🏆 (B) bevorzugt dieselben sonnigen, trockenen Standorte wie der Echte Lavendel (*Lavandula angustifolia*) 'Hidcote' 🏆 (C). Der Lavendel blüht später als das Sonnenröschen und verlängert damit die Saison dieser Kombination.

Besonders schön macht sich der Weiße Beifuß (*Artemisia ludoviciana*) 'Valerie Finnis' 🏆 (D), wenn er sich im vorderen Rabattenbereich über den Storchschnabel (*Geranium*) 'Johnson's Blue' 🏆 (E) erhebt oder ein silbergraues Band zwischen die saphirblauen Blütenkerzen des Steppen-Salbeis (*Salvia nemorosa*) 🏆 flicht.

Lavendel (***Lavandula***) dürfte der am häufigsten gepflanzte Halbstrauch sein. Mit seinem aromatischen silbergrauen Laub und dem Duft der blauvioletten Blüten ist diese variantenreiche Pflanze sofort zuerkennen. Eine sehr beliebte kompakte Sorte des Echte Lavendels ***(L. angustifolia)*** ist **'Hidcote'** 🏆 mit silbrig grünem Laub und tiefblauen Blüten. Ein Rückschnitt nach der Blüte fördert kräftigen Neutrieb, der den ganzen Winter seine Farbe hält (siehe Gute Pflanzpartner oben). Vom Lavendel gibt es viele Varianten; Sorten mit schmalem Laub und kurzen Blütenständen sind generell am kälteverträglichsten.

Der Weiße Beifuß (***Artemisia ludoviciana***) **'Valerie Finnis'** 🏆, eine der schönsten silberlaubigen Stauden, schiebt 60 cm hohe Triebe aus unterirdischen Rhizomen; mit seinem grob gezähnten Laub setzt er zartgraue Lichter in die Rabatte (siehe Gute Pflanzpartner oben).

Die britische Gartenexpertin Gertrude Jekyll hielt große Stücke auf den bodendeckenden silberfilzigen Woll-Ziest (***Stachys byzantina***), mit dem sie gern die Kanten von Wegen und Beeten überspielte. Der ideale Zeitpunkt für einen Rückschnitt dieser Staude liegt vor oder in der Blütezeit. Bei der Sorte **'Silver Carpet'**, die nur wenige Blütenkerzen treibt, erhält sich der Blätterteppich auch ohne Schnitt. Unterpflanzen Sie Sträucher an sonnigen bis halbschattigen Standorten mit Woll-Ziest, um von unten Licht in die Gehölze zu reflektieren.

Farbenfrohe Blumen

Während Gehölze den Garten dauerhaft strukturieren und mit ihrem Laub über Monate für Farbe sorgen, bringen Stauden, ein- und zweijährige Sommerblumen, Zwiebel- und Knollengewächse sowie Kletterpflanzen farbenprächtige Kurzweil in den Garten. Hier finden sich für jede Jahreszeit schöne Blüten, und selbst im Winter kann man Kübel und Beete in Hausnähe mit Pflanzen herausputzen, die auch in dieser ruhigen, viel zu tristen Jahreszeit aufmunternde Farben beisteuern.

Stauden mit lang anhaltender Blüte und solche, die sich in ihrer Gestalt vom bereits Vorhandenen unterscheiden, ergänzen das Gartenbild besonders gut. Hierunter sind einige sehr beliebte Beetpflanzen, an deren häufiger Verwendung sich bereits ablesen lässt, dass sie zu vielen unterschiedlichen Gartenstilen passen.

Die Schafgarben (*Achillea*) zeichnen sich nicht nur durch zart gefiedertes Laub aus, sondern auch durch die haltbaren Blüten, mit denen sie sich über viele Sommerwochen schmücken. Dramatisch und doch leicht wirken die großen, flachen Blütenteller der Gold-Garbe (*A. filipendulina*) 'Golden Plate' 🏆, 'Moonshine' 🏆 und 'Terracotta'. Schneiden Sie

1 | Zwei Stauden, die in herrlich intensivem Rubinrot blühen, sind die Sterndolde (*Astrantia*) 'Hadspen Blood' und der Bartfaden (*Penstemon*) 'Andenken an Friedrich Hahn'.

2

3

4

5

6

7

diese Stauden nicht zurück, sondern lassen Sie die Blütenstände für den Winter stehen: Trocken bringen sie interessante Formen ins Beet, und vom Frost bereift wirken sie ganz vorzüglich. Unter den Auslesen der Wiesen-Schafgarbe **(*A. millefolium*)** finden sich hochattraktive, gut kombinierbare Farben, allen voran die kirschrote **'Summerwine'** 🏆.

Sterndolden **(*Astrantia*)** fühlen sich in jeder Gesellschaft in Sonne oder Halbschatten wohl. Sie tragen ihre attraktiven, lange haltbaren Blütensterne auf aufrechten, rund 60 cm hohen Stängeln über dem Laub. Diese Stauden lassen sich gut mit Storchschnabel (*Geranium*) und Funkien (*Hosta*) kombinieren. Sie blühen über einen langen Zeitraum, und wenn man sie direkt nach der ersten Blüte zurückschneidet, treiben sie verlässlich neue Knospen. Am vielseitigsten verwendbar ist die Große Sterndolde **(*A. major*)**, die weiß mit einem Stich ins Grüne blüht. ***A. maxima*** trägt zartrosa Blüten und die reizende ***A.* 'Hadspen Blood'** dunkelrote – diese Letztgenannte passt hervorragend zu rotlaubigen Sträuchern und *Heuchera*-Hybriden.

Akeleien **(*Aquilegia*)** und Jakobsleitern **(*Polemonium*)** garantieren schon früh im Jahr bunte Abwechslung. Beide erheben ihre Blüten hoch über ihr Laub und das hell austreibende Grün anderer Stauden. Auf leichten Böden versamen sie sich eifrig; so finden sie immer neue Plätze im Staudenbeet und sorgen ganz zwanglos für den Zusammenhalt der Gestaltung. Die Farben der Gewöhnlichen Akelei **(*A. vulgaris*)** reichen von Weiß über Rosa und Violett bis hin zu Blau.

Montbretien **(*Crocosmia*)** bringen mit ihren Blüten in leuchtendem Rot, Gelb oder Orange im Spätsommer und Frühherbst die sonnige Rabatte in Schwung. Die scharf umrissenen Konturen ihrer schwertförmigen Blätter jedoch tragen viel länger zum abwechslungsreichen Erscheinungsbild der Beete bei. Eine der größten und eindrucksvollsten Auslesen ist **'Lucifer'** 🏆 mit breiten Blattschwertern und scharlachroten Blüten an rund 100 cm hohen Stängeln – ein guter Kandidat für den hinteren Rabattenbereich.

Vom Winter bis in den Vorfrühling sorgen diverse Hybriden der Nieswurz **(*Helleborus*)** für Abwechslung im Beet. Diese herrlichen Stauden sind im Garten vielseitig einsetzbar, vor allem aber füllen sie die große Lücke, die die übrigen Pflanzen während der kalten Jahreszeit im Beet hinterlassen.

Höhe ins Beet!

Stauden mit schlanken Blütenkerzen sind das perfekte Gegenstück zu weichen Blattkissen. Gelber Fingerhut (*Digitalis lutea*) und Purpur-Leinkraut (*Linaria purpurea*) erweisen sich als ideale Zwischenpflanzung für den vorderen Rabattenbereich. Hier ist ebenfalls der perfekte Platz für blickdurchlässige Gräser mit hohen Blütenhalmen wie Riesen-Federgras (*Stipa gigantea*) 🏆, Ruten-Hirse (*Panicum virgatum*) oder Chinaschilf (*Miscanthus*) 'Yakushima Dwarf', die dem Beet einen Eindruck besonders großer Tiefe vermitteln.

Setzen Sie sie am besten unter Sträucher im hinteren Rabattenbereich. Dort trumpfen sie zunächst konkurrenzlos auf, um dann im Sommer, wenn sie weniger ansehnlich sind, den kühlen Schatten ihrer Nachbarn zu genießen.

Die verschiedenen Bartfadenhybriden **(*Penstemon*)** mit ihrem oftmals verholzenden Wuchs und dem immergrünen Laub blühen vom Frühsommer bis zum Frost. An hohen Stängeln tragen sie teils glockige Röhrenblüten in Farben von Weiß über Rosa bis hin zu Rot und Tiefviolett. Bartfaden blüht am üppigsten in der Sonne, gedeiht aber auch auf praktisch jedem nicht staunassen Boden im Halbschatten. Diese Stauden passen gut zu Strauchrosen (*Rosa*) und zu Stauden mit sehr zeitiger, kurzer Blüte, beispielsweise Mohn (*Papaver*) und Pfingstrosen (*Paeonia*).

Der Weiche Frauenmantel **(*Alchemilla mollis*)** 🏆 ist eine vielseitige Staude mit samtigem, hellgrünem Laub und duftigen, maigrünen Blütenwolken. Wer noch offenen Boden in Sonne oder Schatten hat, sollte ihn unbedingt pflanzen, denn er versamt sich und bildet alsbald einen weichen Teppich. Farblich passt der Frauenmantel zu einfach allem. Säumen Sie Rosenrabatten damit, und experimentieren Sie am Rand von Kiesflächen, die diese Staude vorsichtig erobert; auch die Kanten von Stufen und Pflasterflächen überspielt sie angenehm. Manchen Gärtnern missfällt das etwas einnehmende Wesen dieser Pflanze, andere hingegen sind von der unverwüstlichen, vielseitigen Staude begeistert.

Höhere Wolfsmilcharten **(*Euphorbia*)** wie ***E. characias* ssp. *wulfenii* 'Lambrook Gold'** 🏆 sind raschwüchsige Alternativen zu niedrigen Gehölzen. Mit ihrem strauchigen Wuchs und den maigrünen Blü-

2 | Schafgarbe (*Achillea*) 'Terracotta'

3 | Gewöhnliche Akelei (*Aquilegia vulgaris*)

4 | Montbretie (*Crocosmia*) 'Lucifer'

5 | Nieswurzhybride (*Helleborus*)

6 | Weicher Frauenmantel (*Alchemilla mollis*)

7 | *Euphorbia characias* ssp. *wulfenii* 'Lambrook Gold'

8 | Schopf-Salbei (*Salvia viridis*)

9 | Jungfer im Grünen (*Nigella damascena*) 'Miss Jekyll'

10 | Einjähriges Silberblatt (*Lunaria annua*)

11 | Größtes Zittergras (*Briza maxima*)

Einjährig oder zweijährig?

Eine einjährige Pflanze durchläuft in einem einzigen Jahr den gesamten Kreislauf von Werden und Vergehen: Sie keimt, wächst und blüht, produziert Samen und stirbt. Zweijährige Pflanzen bilden im ersten Jahr eine Blattrosette aus, um erst im Folgejahr zu blühen, Samen anzusetzen und abzusterben. Wer sich jedes Jahr an den Blüten derselben zweijährigen Art erfreuen will, muss zunächst mehrere Jahre in Folge Saatgut ausbringen. Zweijährig sind beispielsweise die Bart-Nelke (*Dianthus barbatus*), das Einjährige Silberblatt (*Lunaria annua*) und der Rote Fingerhut (*Digitalis purpurea*, rechts).

ten im Frühjahr füllen sie im Nu Lücken auf durchlässigen sonnigen bis halbschattigen Böden (siehe auch Gute Pflanzpartner Seite 114). Die weiß gezeichnete Auslese *E.* **'Wilcott'** (SILVER SWAN) ist ein Muss für jeden Garten mit passenden Bedingungen. Sie begeistert mit ihrem Habitus ebenso wie mit ihrer Färbung und ist vor immergrünen oder silbrig panaschierten Sträuchern ein ausgezeichneter Blickfang.

Zweijährige und kälteunempfindliche Einjährige

Zweijährige Pflanzen sowie unempfindliche Einjährige, die einiges an Frostgraden verkraften, versamen sich auf leichten Böden und siedeln sich auf diese Weise dauerhaft an. Mit ihnen hält bunte Zwanglosigkeit im Garten Einzug, und wer eine länger bestehende Staudenpflanzung verjüngt, weiß sie als Lückenfüller zu schätzen. In den folgenden Jahren reicht einfaches Jäten und gezieltes Umsetzen aus, um die Kontrolle über diese Pflanzen zu behalten. Manche dieser Arten fügen sich problemlos zwischen andere Pflanzen ein. Mit Stauden vertragen sie sich besonders gut, und in der Staudenrabatte wirken sie natürlicher als bunte Exoten. Jungfer im Grünen (***Nigella damascena***) ist eine allerliebste duftige Einjährige, die ihre Blütensterne in Wolken aus haarfeinem Laub bettet. Besonders unkompliziert ist das Himmelblau der Auslese **'Miss Jekyll'**, das mit jeder Farbkombination harmoniert. Der Schopf-Salbei (***Salvia viridis***) trägt aromatisch duftendes, weiches, graugrünes Laub und an den Triebspitzen bunte Hochblätter, die bis in den Herbst hinein in Farben von Weiß über Neonpink bis hin zu Nachtblau leuchten. Dieser Salbei macht sich besonders gut zwischen Strauchrosen (*Rosa*) sowie als Lückenfüller zwischen neu gepflanzten Stauden wie Rittersporn (*Delphinium*) und Lupinen (*Lupinus*), wo er zugleich die Blühsaison verlängert. Einjähriges Silberblatt (***Lunaria annua***) muntert langweilige karge Flecken am Fuße von Hecken, entlang von Mauern und unter großen Sträuchern auf. Diese Ein- bis Zweijährige trägt leuchtend magentafarbene oder violette Blüten, aus denen sich später die bekannten silbrigen Samenstände entwickeln. Es gibt auch rosa und weiß blühende Sorten. Das Größte Zittergras (***Briza maxima***) verbandelt sich gern mit Stauden und anderen Gräsern. Seine zarten Stängel mit den zierlichen, locker baumelnden Blütenständen bringen eine angenehme Leichtigkeit und – bei nicht zu sparsamer Verwendung – eine schöne durchgehende Linie ins Spiel.

Kälteempfindliche Einjährige

Die für die sommerliche Beetgestaltung in Gartencentern und auf Märkten angebotenen Pflanzen

Empfehlenswerte Pflanzen für winterliche Farben Vorfrühlings-Alpenveilchen (*Cyclamen coum*) • Schnee-Heide (*Erica carnea*) • Kletternder Spindelstrauch (*Euonymus fortunei*) 'Emerald 'n' Gold' • Niederliegende Scheinbeere (*Gaultheria procumbens*) • Stängellose Schlüsselblume (*Primula vulgaris*) • Japanische Skimmie (*Skimmia japonica*) 'Rubella' • Thymian (*Thymus*) 'Doone Valley' • Veilchen (*Viola* ssp.)

sind größtenteils kälteempfindlich und werden daher erst ausgepflanzt, wenn jegliche Frostgefahr vorüber ist. Tatsächlich sind viele dieser Arten in ihrer Heimat ausdauernd; angesichts unserer Winter jedoch behandeln wir sie als Einjährige und ersetzen sie alljährlich. Mit ihnen lassen sich flugs Beetlücken schließen und Blumenteppiche gestalten. Am besten wirken diese Pflanzen in Hausnähe oder in Kübeln, da sich ihre farbstarken Blüten häufig nicht mit den subtileren Farben einer Staudenpflanzung vertragen. Die meisten Sommerblumen mögen einen Sonnenplatz, doch manche gedeihen auch im Schatten (siehe Seite 146). Beliebte Arten wie Petunien (*Petunia*), Fleißige Lieschen (*Impatiens*) und Studentenblumen (*Tagetes*) gibt es in etlichen Farben und Spielarten. Einfarbige Blüten sind besonders dominant; zugleich sind sie in ihrer Wirkung am ehesten steuerbar. Neue, zartere Farbmischungen hingegen sind sanfter im Farbton und daher leichter mit anderen Pflanzen zu kombinieren.

Höhere, weniger formal wirkende Blumen wie Tabak (*Nicotiana*, siehe auch Seite 160) und Spinnenpflanzen (*Cleome*, siehe Seite 160) vertragen sich besser mit den Stauden und Sträuchern einer gemischten Rabatte als die kompakten, züchterisch bearbeiteten Sommerblumen. Ideal ist z.B. der hohe, elegante Berg-Tabak (***N. sylvestris***).

Zwiebel- und Knollenpflanzen für Frühling und Sommer

Zwiebel- und Knollenpflanzen belohnen eine relativ geringfügige Investition mit einem opulenten Farbfeuerwerk. Manche lassen sich dauerhaft im Garten nieder, andere hingegen sollten alljährlich ausgetauscht werden. Freuen Sie sich, wenn Sie diese Blumen im Folgejahr noch einmal zu Gesicht bekommen – selbstverständlich ist das nicht. Verwenden Sie Tulpen (*Tulipa*) kein zweites Mal zur Topfbepflanzung, sondern bewahren Sie die Zwiebeln über den Sommer trocken, dunkel und möglichst warm auf (beispielsweise auf dem Dachboden). Pflanzen Sie sie dann im Herbst dort in die Beete, wo Sie notfalls auch auf die Blüte verzichten können, sollte die Zwiebel sich bereits im ersten Jahr verausgabt haben.

Verlässliche Frühlingsschönheiten sind Narzissen und Osterglocken (***Narcissus* ssp.**). Sie kommen über viele Jahre wieder und gedeihen auf den unterschiedlichsten Böden. An exponiertem Standort empfehlen sich niedrigere Sorten; hier sollten gefüllte Auslesen ebenfalls gemieden werden, denn für diese schweren Blütenköpfe sind die Stängel nicht immer stark genug. Der Nachteil der Narzissen ist ihr Laub, das oft erst zum Sommer komplett einzieht. Zwergsorten wie **'February Gold'** 🏆, **'Jetfire'** 🏆 und **'Hawera'** 🏆 sind von insgesamt eleganterer Erscheinung mit relativ kurzem, schmalem Blatt. Diese lassen sich gut in Gras oder im Beet auswildern. Meiden Sie Sortenmischungen – sie

12 | Berg-Tabak (*Nicotiana sylvestris*)

13 | Bart-Nelke (*Dianthus barbatus*)

14 | Die Tulpe (*Tulipa*) 'Pink Frosting' und die Narzisse (*Narcissus*) 'Salome' heben ihre Köpfe hoch über eine Woge blauer Vergissmeinnichtblüten (*Myosotis*) und das junge Laub der Funkien (*Hosta*).

15 | Im Spätsommer nimmt die Blüte der Schönen Fetthenne (*Sedum spectabile*) die Farben ihrer Nachbarin auf, einer Prächtigen Lilie (*Lilium speciosum*) 'Rubrum'.

14

15

blühen nicht zur gleichen Zeit, und nicht immer harmonieren die Farben.

Tulpen (***Tulipa***) sind elegante, anspruchsvolle Blumen, die mit ganz unterschiedlichen Blütenformen und -farben aufwarten. Auf feuchtem, schwerem Boden überstehen die wenigsten mehr als eine Saison, auf leichtem Boden hingegen – ihrem bevorzugten Standort – können sie über mehrere Jahre wiederkehren. Die hohen Darwin-Hybriden und die Lilienblütigen Tulpen sind ausgezeichnete Partner für Stauden, die im Frühjahr die Tulpenblüten mit neu sprießendem Laub untermalen. Welkendes Tulpenlaub ist unattraktiv, doch meist zieht es innerhalb von vier Wochen nach der Blüte ein.

Die verschiedenen Arten des Zier-Lauchs (***Allium***) heben sich mit ihren einzigartigen Blütenständen deutlich vom Üblichen ab; ihre unaufdringlichen Farben lassen sich außerdem ganz unkompliziert kombinieren. Ihre Blüte beginnt, wenn ein Großteil der frühen Zwiebel- und Knollengewächse bereits vergangen ist, und verlängert so den Frühling. Aus den mittelgroßen, lang gestielten Blütenkugeln des Iran-Lauchs (***A. aflatunense***) **'Purple Sensation'** 🏆 und ähnlicher Hybriden entwickelt sich ein attraktiver Samenstand, der die Rabatte bis in den Spätherbst ziert. Der Sternkugel-Lauch (***A. christophii***) blüht ebenso wie ***A. schubertii*** in hellem Silberviolett; beide tragen ihre großen, feuerwerksartigen Sternenkugeln auf recht kurzen Stängeln und sind somit ideal für den vorderen Rabattenbereich. Silbriges Laub ergänzt sie wunderbar (siehe Seite 118).

Lilien (***Lilium***) sind jeden Cent ihrer Anschaffungskosten wert. Es gibt zahlreiche Varianten, die die gesamte Sommersaison abdecken. Die eleganten, lange haltbaren Blüten etlicher Sorten verströmen einen betörenden Duft. Setzen Sie jeweils drei bis sieben Zwiebeln im Abstand von gut 10 cm. Lilien mögen einen durchlässigen, nährstoffreichen Boden mit reichlich organischer Substanz. Ein Klassiker ist die Königs-Lilie (***L. regale***) 🏆 – eine duftende, weiß blühende Art mit burgunderrot gezeichneter Petalenrückseite, ohne die kein Garten auskommt. Die zurückgeschlagenen weißen Blütenblätter der Prächtigen Lilie (***L. speciosum***) **'Rubrum'** sind innen mit kräftigem Pink gezeichnet und rings um den Schlund dicht karminrot getupft. Diese Art blüht im Spätsommer.

Blumenzwiebeln im Beet

Setzen Sie Tulpen (*Tulipa*), Narzissen (*Narcissus*), Krokusse (*Crocus*), Hyazinthen (*Hyacinthus*), Lilien (*Lilium*) und die meisten anderen Blumenzwiebeln vorzugsweise in Gruppen. Stecken Sie sie mit einigen Zentimetern Abstand, je nach Größe. Werden zu wenige Zwiebeln gepflanzt, hinterlassen sie keinerlei Eindruck. Umgekehrt können Sie die Wirkung deutlich verstärken, indem Sie mehrere Gruppen derselben Sorte einsetzen. Bei einer Sortenmischung müssen besonders viele Zwiebeln auf einen Fleck gesetzt werden, damit sie zur Wirkung kommen, denn die unterschiedlichen Sorten gelangen nur selten gleichzeitig zur Blüte.

16 | Narzisse (*Narcissus*) 'Jetfire'

17 | Iran-Lauch (*Allium aflatunense*) 'Purple Sensation'

Empfehlenswerte Zwiebelpflanzen für Töpfe Weißer Krokus (*Crocus vernus* ssp. *albiflorus*) 'Remembrance' • Gewöhnliche Schachblume (*Fritillaria meleagris*) • Armenische Traubenhyazinthe (*Muscari armeniacum*) •

Töpfe in der Rabatte

Das unansehnliche vergilbende Laub ausgepflanzter, verblühter Tulpen (*Tulipa*) und Narzissen (*Narcissus*) wirkt oft sehr störend. Später vergisst man leicht, wo die Zwiebeln stecken, sodass man sie bei der Bodenbearbeitung zersticht. Setzen Sie sie daher in einen einfachen Tontopf oder ein dunkel glasiertes Gefäß: So können Sie sie während der Blüte hübsch im Beet platzieren und hinterher gleich wieder herausnehmen.

Narzissen (*Narcissus*) 'Surfside' und 'Tête-à-tête' • Tulpen (*Tulipa*) 'Peach Blossom' und 'Rotkäppchen'

Besondere Gartensituationen

Jeder Garten zeichnet sich durch einzigartige Merkmale aus, die sich auf seine Gestaltung, die verwendeten Materialien und die Pflanzenwahl auswirken sollten. Manchmal betreffen besondere Bedingungen wie eine Hanglage, Schatten und flachgründiger Boden nur einen Teil des Grundstücks. Zwei andere Fälle sind das lange, schmale Grundstück und das Neubaugrundstück: Hier ist grundsätzlich der gesamte Garten betroffen. Keine der genannten Situationen ist als nachteilig anzusehen, denn alles lässt sich zum Vorteil verkehren, wenn man nur die Planung von Anfang an darauf abstimmt.

Üppig sprießen feuchtigkeitsliebende Pflanzen im lichten Birkenschatten (Savill Garden, Windsor).

1

Die Hanglage

Ein Hang kann bei der Gartenanlage eine rechte Herausforderung darstellen, und zwar nicht nur während der Planungs- und Bauphase, sondern auch später bei der Pflege. Manchmal befindet sich nur ein Teilbereich eines Gartens in Schräglage; andere Grundstücke sind in Gänze betroffen. In jedem Fall ist eine Entscheidung nötig, ob dieses Gefälle ganz oder teilweise ausgeglichen werden soll, und auch auf die Pflanzenwahl wirkt sich eine Hanglage aus.

Mehrere praktische Gesichtspunkte spielen in die Entscheidung hinein, ob man mit dem Gefälle leben will oder es von vornherein begradigt. Gravierenden Einfluss auf jegliche Designentscheidung hat die Frage, wie Hang und Haus zueinander liegen. Fällt der Garten zum Haus hin ab, ist er zumeist ganz dem kritischen Blick ausgeliefert; wichtig ist hier die Überlegung, was verborgen werden soll und wie dies zu bewerkstelligen sei. Außerdem ist eine Drainage zu erwägen, um Hausschäden durch Oberflächenwasser vorzubeugen. Ganz anders ist die Situation, wenn sich das Grundstück vom Haus

Empfehlenswerte Stauden für den Hang Gewöhnlicher Giersch (*Aegopodium podagraria*) 'Variegatum' • Kriechender Günsel (*Ajuga reptans*) • Weicher Frauenmantel (*Alchemilla mollis*) •

weg neigt: Hier schweift der Blick über die Grenzen hinweg in die weitere Umgebung. Bäume und hohe, Aufmerksamkeit heischende Pflanzen tragen dazu bei, dass man vom Haus aus den Garten nicht aus dem Blick verliert.
Die Ausrichtung des Grundstücks darf ebenfalls nicht vergessen werden. Ein warmer Südhang bietet vielen Pflanzen perfekte Bedingungen, während für einen kühlen, sonnenabgewandten Hang die Auswahl an Arten und Sorten wesentlich kleiner ist.

Die Terrassierung

Von einer Terrassierung sprechen wir dann, wenn ein Grundstück in mindestens zwei deutlich getrennte Ebenen gegliedert ist. Den Übergang stellt oft eine steile Böschung oder ein längerer, sanfter Hang her; bei wenig Platz und starkem Gefälle wird man allerdings nicht umhinkommen, den Höhenunterschied mit einer Böschungsmauer abzufangen (siehe Seite 132/133) und die Ebenen über Treppen miteinander zu verbinden. Mit Stufen lassen sich größere Höhenunterschiede auf kurzer Strecke überwinden; sie können jedoch für Menschen mit Mobilitätseinschränkung problematisch sein. Außerdem sind sie nur schwer mit der Schubkarre oder dem Rasenmäher zu bewältigen. Wo Platz für sanftere Geländestufen ist, stellt eine Rasenrampe die Alternative zur Treppe dar, solange sie sicher und problemlos begehbar ist.

1 | Durch die große Pflanzenfülle erscheint der Hang im Hintergrund weit weniger steil, als er tatsächlich ist. Ein Gewöhnlicher Trompetenbaum (*Catalpa bignonioides*) 'Aurea' im vorderen Beet unterstreicht das Farbthema und hebt den unteren Pflanzbereich zugleich auf eine Augenhöhe mit dem Hang.

2 | Dies ist dasselbe abfallende Gelände wie in Bild 1, jedoch mit noch junger Bepflanzung. Eine ebene Rasenfläche unterteilt den Gartenabschnitt in zwei Bereiche. Der steilere Hang (rechts) wird zum Teil von Felsblöcken abgefangen, zwischen denen sich Nischen zur Bepflanzung anbieten. Weitere Felsen in dem sanft geneigten Beet im Vordergrund stellen eine optische Verbindung zwischen den beiden Pflanzbereichen her.

Zypressen-Wolfsmilch (*Euphorbia cyparissias*) • Felsen-Storchschnabel (*Geranium macrorrhizum*) • Pfennigkraut (*Lysimachia nummularia*) • Gewöhnlicher Dost (*Origanum vulgare*) 'Aureum'

Einebnen oder nicht?

Ein sanft geneigter Garten wirft nur selten gestalterische oder praktische Probleme auf. Für Pflasterflächen und Rasen lässt sich das Gefälle ausgleichen und der Höhenunterschied durch Beete abfangen. Bei einem steileren Grundstück jedoch sind bereits in der Entwurfsphase praktische Überlegungen zur Pflege anzustellen, denn bei stärkerem Gefälle können sich das Rasenmähen und Transporte als problematisch bis hin zu gefährlich erweisen. Hier ist es oft sinnvoll, einen Teilbereich einzuebnen oder aber das gesamte Grundstück zu terrassieren. Solche Entscheidungen sind gleich zu Beginn der Planung zu treffen, denn für diese Arbeiten sind Spezialgerät und/oder professionelle Hilfe notwendig. Zu bedenken ist im Übrigen, dass bei einer Terrassierung tiefere Bodenschichten ans Tageslicht kommen.

Die Böschungsmauer

Eine Böschungsmauer muss frostsicher gegründet werden; die Ausführung überlassen Sie am besten dem Profi. Aus Naturstein oder Ziegeln errichtet ist sie eine kleine Investition; kostengünstiger, allerdings weit weniger attraktiv sind Hohlblocksteine. Verputzen Sie diese, um sie aufzuwerten, oder beranken Sie sie mit Efeu (*Hedera*), Kletterndem Spindelstrauch (*Euonymus fortunei*) oder anderen Selbstklimmern. Muss die Terrassierung nur Fußverkehr aushalten und keinerlei Bauten tragen, können Sie Geländestufen auch mit unbehandelten Bahnschwellen abfangen.

Im modernen Kontext eignen sich für diesen Zweck auch Drahtgabionen, wie man sie aus dem Straßen- und Böschungsbau kennt. Die Gabionen werden mit Steinen gefüllt und können ausgesprochen dekorativ wirken, besonders bei passenden pflanzlichen Begleitern.

3 | Unbehandelte Bahnschwellen verwandeln leichtes Gefälle in breite, bequeme Stufen. Die Schwellen sind problemlos verlegt, und die Abstufung läuft ganz natürlich in den Pflanzensaum aus.

4 | Hier wurden Gabionen zur Abwechslung mit Tonrohren, Dachziegeln und Naturstein gefüllt – eine ebenso wirksame wie gewichtige Böschungsmauer.

Eine Böschungsmauer aus Bahnschwellen

An einem sanften Hang (um 10 % Gefälle) lässt sich mit Bahnschwellen ein Höhenunterschied von bis zu 50 cm abfangen. Heben Sie für die Gründung einen Graben für ein 10–15 cm starkes Mörtelfundament aus. Mischen Sie den Mörtel nicht zu trocken an, damit sich die Bahnschwellen gut darauf ausrichten lassen. Verlegen Sie die Schwellen waagerecht aufeinander und verankern Sie sie, indem Sie passend geschnittene Armiereisen durch vorgebohrte Löcher schieben. Achten Sie darauf, nur unbehandelte Bahnschwellen zu verwenden, da alte, ausgemusterte Schwellen mit giftigen Stoffen imprägniert sind und nicht mehr gehandelt bzw. eingesetzt werden dürfen.

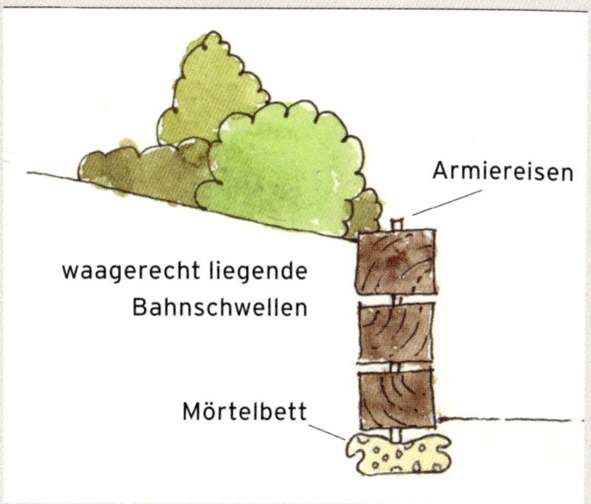

Die Hangbepflanzung

Einen steilen Hang zu bepflanzen erfordert Geschick. Warten Sie dafür einen trockenen Tag ab, und stellen Sie sich bei der Arbeit auf einen Jutesack, damit Sie nicht abrutschen. Bereiten Sie jeden Pflanzplatz zunächst sorgfältig mit der Grabegabel vor, und arbeiten Sie kompostierten Mist und Langzeitdünger ein. Heben Sie das Pflanzloch so aus, dass sein hangabwärts weisender Rand leicht erhöht ist. Auf diese Weise wird Regenwasser zur Pflanze dirigiert, und auch das Gießen wird einfa-

5

6

Empfehlenswerte kriechende Immergrüne für die Hangbefestigung Teppich-Zwergmispel (*Cotoneaster dammeri*) • Weidenblättrige Zwergmispel (*Cotoneaster salicifolius*) 'Gnom' • Niederliegende Scheinbeere

cher. Aus demselben Grund sind natürliche Mulden die besten Pflanzstellen. Platzieren Sie die Pflanzen nicht in gerader Reihe, sondern versetzt - so halten sie den Boden besser, und außerdem ist das Bild gefälliger. Schlämmen Sie alles gut ein, und gießen Sie noch mehrere Monate lang.

Typischerweise findet sich ein kurzer, steiler Hang an der Grenze eines großflächig aufgeschülteten Grundstücks oder zwischen verschiedenen terrassierten Ebenen. Häufig wird auf einer solchen Böschung als preisgünstigste Lösung Rasen ausgesät, doch auf Dauer entsteht dadurch eine problematische Pflegesituation. Hier mit dem Motortrimmer zu arbeiten ist anstrengend und unangenehm, und das Hantieren mit dem Rasenmäher gestaltet sich selbst dann, wenn Sie einen Luftkissenmäher verwenden, schwierig bis hin zu gefährlich. Die beste Lösung besteht daher darin, kaum pflegebedürftige Kriechgehölze und bodendeckende Stauden zu pflanzen.

Damit abfließendes Oberflächenwasser keinen Boden fortschwemmt, sind Pflanzen wichtig, die die oberste Erdschicht festhalten. Eine gute Wahl sind ausläuferbildende Gehölze oder aber solche mit zähem Wurzelgeflecht, die den Boden sichern. Ein Kandidat ist die Kartoffel-Rose (*Rosa rugosa*), die anders als der größte Teil ihrer Verwandtschaft gut auf leichtem, sandigem Boden gedeiht. Sie bildet Unmengen aufrechter, borstiger Triebe mit ansehnlichem apfelgrünem Laub, und ihre einfachen bis gefüllten Blüten öffnen sich in diversen Schattierungen von Weiß über verschiedene Rosatöne bis hin zu kräftigem Magentarot. Die großen, prallen Hagebutten bleiben bis nach dem Laubfall an der Pflanze haften.

Dekorative Himbeerarten (***Rubus* ssp.**) decken nackten Boden besonders erfolgreich. Die Dreifarbige Himbeere (***R. tricolor***) ist ein wüchsiger Strauch mit langen, niederliegenden, dunkelroten Trieben und glänzend grünem, herzförmigem Laub. Die weit überhängenden stacheligen Triebe der Tangutischen Himbeere (***R. cockburnianus***) stehen bis zu 2 m hoch und sind von weißem Reif überzogen, der im Winter nach dem Laubfall sichtbar wird. Ihre Auslese **'Goldenvale'** (syn 'Wyego') 🏆

5 | Breite, geschwungene Rasenstufen machen aus einer geneigten Fläche ein ausgefallenes Gestaltungselement.

6 | In den Hang gesetzte Hochbeete lassen sich bequem bepflanzen und pflegen.

Unkrautvlies

Eine Böschung unkrautfrei zu halten ist nicht gerade einfach; Unkrautvlies oder aber das weitaus stabilere Bändchengewebe (vom Fachmann zu beziehen) kann Abhilfe schaffen. Dies sind wasserdurchlässige Membranen, die die Bodenverdunstung reduzieren und zugleich Unkraut unterdrücken. Entfernen Sie zunächst sämtliche Wurzelunkräuter. Legen Sie dann das Vlies aus, fixieren Sie es mit Drahtkrampen und bedecken Sie die Ränder mit Erde, damit die Abdeckung nicht vom Wind angehoben wird. Stechen Sie das Vlies kreuzweise mit dem Spaten auf, und setzen Sie die Bodendecker ein. Schwarzes oder braunes Vlies ist anderen Farben vorzuziehen, da es am wenigsten ins Auge fällt. Da am Hang trotz der Wasserdurchlässigkeit des Materials ein Großteil des Regenwassers abläuft, muss während des ersten Jahrs regelmäßig gegossen werden.

(*Gaultheria procumbens*) • Gewöhnlicher Efeu (*Hedera helix*) 'Manda's Crested' • Zwerglebensbaum (*Microbiota decussata*) • Japanischer Ysander (*Pachysandra terminalis*)

7

8

9

10

11

12

13

trägt farnartiges, leuchtend goldgrünes Laub und offenbart sich im Winter als Kuppel aus weißen Trieben. Diese Auslese bleibt mit einer Höhe von 1 m und einem maximalen Durchmesser von 2 m kompakter als die Art.

Manche Wacholderarten (*Juniperus*) haben ihren Naturstandort auf dünnem, kärglichem Boden mit Kalksteinuntergrund. Auf dieselbe Situation im Garten sind sie daher gut eingestellt. Auf Trockenheit reagieren sie weitaus unempfindlicher als viele andere Koniferen. Der Sadebaum (*J. sabina*) **'Tamariscifolia'** bleibt niedrig und kompakt; seine leuchtend grünen, waagerecht abgespreizten Äste bilden einen abgeflachten Busch, der den Boden undurchdringlich abdeckt. Die Zweige des Heide-Wacholders (*J. communis*) **'Repanda'** 🏆 berühren fast den Boden. Er verfärbt sich im Winter bronzefarben und gedeiht in voller Sonne besonders gut. Der Kriech-Wacholder (*J. horizontalis*) wächst geradewegs so, wie sein Name vermuten lässt. Von dieser Art existieren viele auffallend blaugraue Auslesen. Der Schuppen-Wacholder (*J. squamata*) **'Blue Carpet'** 🏆, auch Blauer Kriech-Wacholder genannt, ist eine niedrige, breitwüchsige Konifere mit dichter, blauer Benadelung. Dieser Wacholder drapiert sich besonders dekorativ über Felsen und niedrige Mauern.

Die vieltriebige, bis zu 1,5 m hohe Gewöhnliche Mahonie (*Mahonia aquifolium*) eignet sich gut für schattige Hänge. Ihr glänzendes, dunkelgrünes Laub färbt sich im Herbst und Winter intensiv burgunderrot – ein perfekter Kontrast zu den gelben Blütenständen im Vorfrühling. Von den diversen Auslesen ist die bis zu 80 cm hohe **'Apollo'** mit sattgrünem, glänzendem Laub und großen Blütenständen besonders empfehlenswert (siehe Seite 92). **'Cosmo Crawl'** erreicht in fünf bis zehn Jahren 60–100 cm Höhe und bleibt dabei und kompakt.

Zur Hangbepflanzung sind auch Stauden gut geeignet, die eine dichte Decke oder niedrige Polster ausbilden. Der Kriechende Günsel (*Ajuga reptans*) **'Atropurpurea'** beispielsweise erobert die Fläche mit bronzevioletten Blattrosetten, über denen im Frühjahr saphirblaue Blütenständen stehen. Das Gewöhnliche Kleine Immergrün (*Vinca minor*) **'Gertrude Jekyll'** 🏆 zeichnet sich durch feingliedrige Triebe, glänzendes, immergrünes Laub und reinweiße Blüten aus, die sich im Frühjahr öffnen. Es empfiehlt sich für Schattenlagen und eine Unterpflanzung mit Schneeglöckchen.

Das kräftig grüne Pfennigkraut (*Lysimachia nummularia*) schiebt seine weichen, an den Knoten bewurzelnden Triebe direkt über den Boden. Vom Frühjahr bis in den Frühsommer sind seine Stängel dicht mit gelben Blüten besetzt.

Höhenvariationen

Nur zu leicht ist man dazu verleitet, einen Hang ausschließlich mit niederliegenden Gewächsen zu bepflanzen. Hierdurch wird die Neigung des Geländes unnötig betont. Weitaus gefälliger ist das bewegte Bild, das Pflanzen unterschiedlicher Höhe entstehen lassen. Nutzen Sie außerdem gezielt die Hangneigung, um den Garten dreidimensional wirken zu lassen. Höhere Pflanzen und abwechslungsreiche Gestalten sind hier ebenso wichtig wie auf einem ebenen Grundstück.

7 | **Kartoffel-Rose (*Rosa rugosa*)**

8 | **Kriechender Günsel (*Ajuga reptans*) 'Atropurpurea'**

9 | **Tangutische Himbeere (*Rubus cockburnianus*) 'Goldenvale'**

10 | **Gewöhnliches Kleines Immergrün (*Vinca minor*) 'Gertrude Jekyll'**

11 | **Dreifarbige Himbeere (*Rubus tricolor*)**

12 | **Schuppen-Wacholder (*Juniperus squamata*) 'Blue Carpet'**

13 | **Pfennigkraut (*Lysimachia nummularia*)**

Steingarten und Geröllbeet

Ein Hang ist die ideale Voraussetzung für einen Steingarten oder ein Geröllbeet. Der Geröllhang ist ein natürlicher Lebensraum der Bergregionen: Verwitterungsprozesse sprengen von offen liegendem Fels kleine Brocken und Steine ab, unter denen sich allmählich eine Erdschicht bildet. Da dies eine sehr wasserdurchlässige Umgebung ist, wollen Pflanzen, die sich in solch einer Umgebung entwickelt haben, ihre Wurzeln gern im Feuchten haben, während sie darüber nach trockenem Schotter verlangen.

Sowohl für den Steingarten als auch für das Geröllbeet sind mediterrane Pflanzen ideal. Attraktive

Empfehlenswerte Pflanzen für Schotterboden Indigolupine (*Baptisia australis*) • *Kniphofia rooperi* • Nepal-Kardendistel (*Morina longifolia*) • Kaukasus-Fetthenne (*Sedum spurium*)

graulaubige Spezialisten wie Lavendel (*Lavandula*) und Heiligenkraut (*Santolina*) wirken ausgezeichnet in Kombination mit großen Kalksteinbrocken oder Schiefer. Alpine Gewächse wie Steinbrech (*Saxifraga*) und niedrige, breitwüchsige Koniferen wie die Berg-Kiefer (***Pinus mugo***) passen ebenfalls in diese Situation, idealerweise zu Granit und scharfkantigem, grauem Schotter.

14| Hier erobert Hauswurz (*Sempervivum*) eine Schotterdecke aus Schiefer – mittendrin ein Fischgrätmuster aus größeren, vertikal gesetzten Schieferbruchstücken.

Großzügig planen

Unerlässlich für Steingarten und Geröllbeet sind große Felsen, und zwar in nicht zu geringer Zahl. Übergroße Zurückhaltung ist ein verbreiteter Fehler – zu wenige und zu kleine Steine, die am Hang kleben wie Rosinen auf einem Milchbrötchen.

Schichten Sie Steine unterschiedlicher Größe so auf, dass sie an natürliche Gesteinsschichten erinnern. Auch die Bepflanzung sollte großzügig bemessen sein – winzige Pflänzchen haben den Felsen nichts entgegenzusetzen und gehen nur unter.

Im Baumschatten

Ein großer, ausgewachsener Baum lässt jeden Garten gleich eingewachsen wirken – nicht selten war er schon da, bevor hier die erste Gartenanlage entstand, und oft ist er sogar älter als das Haus. Ein solcher Baum kann gut und gerne das gegenwärtige Kapitel in der Geschichte des Gartens überdauern, sollte also entsprechend respektiert und wertgeschätzt werden. Profitieren Sie von seinem Schatten mit einer passenden Unterpflanzung oder indem Sie einen Sitzplatz darunter anlegen.

In vielerlei Hinsicht ist ein großer Baum ein Segen, doch dem Gärtner kann er auch Probleme bereiten. Zweifellos wird er einen Teil des Grundstücks beschatten, und seine Wurzeln beanspruchen Wasser und Nährstoffe zum Nachteil anderer Pflanzen. Wenn Laubbäume im Herbst ihr Blätterkleid abwerfen, muss der Rasen geharkt werden, damit er unter der Laubschicht nicht vergeht.

1 | Ausgewilderte Leichtlins Prärielilien (*Camassia leichtlinii*) fangen mit ihren Blütensternen jeden Sonnenstrahl ein, der das lichte Blattwerk der Weißen Himalaya-Birke (*Betula utilis* var. *jacquemontii*) durchdringt.

Der Bereich unter Bäumen

Soll unter einem Baum Rasen gedeihen, so ist eine speziell für trockenen Schatten ausgewiesene Saatgutmischung notwendig. Eine normale Rasenmischung hat es im Schatten schwer – das Gras wächst spärlich bis hin zu lückig. Unter Bäumen mit besonders dichter Krone sollte auf Gras besser ganz verzichtet werden; hier empfehlen sich Bodendecker (siehe Kasten ganz unten), Kies oder Rindenmulch. Eine schöne Bank oder ein dekoratives Objekt rundet das Bild ab.

Auch Holzbelag ist unter Bäumen keine gute Idee: Im Nu besiedeln ihn Algen, sodass er bei Nässe und besonders im Winter rutschig wird. Dasselbe trifft auf glattes Pflaster zu. Vorzuziehen sind unregelmäßig und nicht zu dicht verlegte Platten mit natursteinartig rauer Oberfläche. Wenn Sie die breiten Fugen mit Kies füllen, kann Regenwasser gut abziehen. Unübertroffen in ihrer Unkompliziertheit, sowohl was die Anlage als auch was die Pflege betrifft, bleiben jedoch Kies- und Schotterflächen. Kaum jemals ist unter Bäumen Unkrautvlies nötig, da die wenigsten Samenunkräuter an einem derart trockenen Standort zu keimen vermögen. Setzen Sie Krokusse (***Crocus***), Zwergnarzissen (***Narcissus***) und andere niedrige Frühlingsblüher in die befestigte Fläche. Sollte der Boden nicht zu trocken sein, können Sie am schattigen Rand der Kiesfläche auch Purpurglöckchen (***Heuchera***), Schwarzen Schlangenbart (***Ophiopogon planiscapus***) **'Nigrescens'** 🏆, Horstbildende Liriope (***Liriope muscari***) 🏆 und ähnliche Blattschmuckpflanzen ansiedeln (weitere Informationen zu befestigten Flächen auf Seite 55–59).

Unter Bäumen pflanzen

Bei einem Schattenbeet unter Bäumen entscheidet die richtige Pflanzenwahl über Erfolg und Misserfolg. Pflanzen Sie nur, was im reduzierten Licht gute Überlebenschancen hat, und verzichten Sie

Die Baumbank

Eine Bank, die einen großen, alten Baum umringt, lädt zum Sitzen und Ausschauhalten ein. Dank ihrer runden Form hat der Besucher die freie Platzwahl; allerdings funktioniert dies nur, wenn der Blick in alle Richtungen offen ist.

Empfehlenswerte Bodendecker für den Schatten Gewöhnliche Haselwurz (*Asarum europaeum*) • Felsen-Storchschnabel (*Geranium macrorrhizum*) • Kolchischer Efeu (*Hedera colchica*) • Gefleckte Taubnessel (*Lamium maculatum*) • Großblütige Taubnessel (*Lamium orvala*) • Japanischer Ysander (*Pachysandra terminalis*) •

Mehr Licht und Luft

Die Auswahl an Pflanzen, die Sie unter einem Baum ziehen können, steigt gewaltig, sobald Sie die Baumkrone aufasten und auslichten. Danach dringen weitaus mehr Luft und Sonnenlicht zu der Unterpflanzung durch. Holen Sie sich jedoch bei einem Fachmann Rat, bevor Sie derlei Arbeiten in Angriff nehmen.

»Aufasten« bedeutet, die unteren Äste eines Baums zu entfernen. Dies lässt die Luft besser zirkulieren, und die tief stehende Sonne erreicht den Gartenbereich unter der Krone.

»Auslichten« bezeichnet das gezielte Entfernen eines Teils der Äste aus der Krone. Hierdurch dringt von oben mehr Licht durch den Baum; das Ergebnis ist Streuschatten anstelle von Vollschatten.

auf alles, was hier mühsam sein Leben fristet und nie zur Blüte gelangt. Überlassen Sie die Führung ruhig den auf diesen Standort spezialisierten Pflanzen – Sie werden sich über das Ergebnis wundern. Prägnante Immergrüne erlangen hier automatisch die Oberhand und schaffen eine herrlich verwunschene Atmosphäre. Da in dieser Situation die Farbe Grün vorherrscht, entsteht Abwechslung vor allem durch variantenreiche Schattierungen, Blattformen und Pflanzengestalten; Lichttupfen bringt panaschiertes Laub ein.

2 | Immergrüne Sträucher, Gräser und Stauden von unterschiedlicher Blatt- und Wuchsform setzen in einer baumbeschatteten Rabatte mit goldgelbem und panaschiertem Laub helle Akzente.

Dreifarbige Himbeere (*Rubus tricolor*) • Gewöhnliches Großes Immergrün (*Vinca major*) • Gewöhnliches Kleines Immergrün (*Vinca minor*)

Sträucher für trockenen Schatten

Die bis zu 2 m hohe, immergrüne Japanische Aukube (***Aucuba japonica***, siehe Seite 89) ist ein ausgezeichneter Strukturgeber und genau für den Schatten geschaffen. Sie trägt auffälliges, glänzendes Laub; manche weibliche Auslesen schmücken sich zudem mit schönen Beeren. Sollte bei großer Trockenheit der Neutrieb verdorren, erholt sich der Strauch im Nu. Eine von zahlreichen Auslesen ist **'Rozannie'** 🏆 mit breitem, dunkelgrünem Blatt und zahlreichen roten Früchten. **'Salicifolia'** trägt rote Beeren zu schmalem, grünem Laub. Die Auslese **'Marmorata'** mit goldgelb gesprenkeltem dunkelgrünem Blatt ist eine der schönsten buntblättrigen Formen.

Den Europäischen Buchsbaum (***Buxus sempervirens***) 🏆 und seine Sorten können Sie freiwachsend ebenso wie als Formschnittgehölz in schattige Bereiche einbringen. Die buntlaubigen Formen sind mit ihren hell gesäumten Blättchen besonders wertvoll. Die schönste davon ist **'Elegantissima'** 🏆 mit kleinem, rahmweiß gesäumtem Blatt. Dieser Buchsbaum wächst besonders langsam und erfordert daher nur selten einen Pflegeschnitt (siehe Seite 89).

Sämtliche immergrünen Spindelsträucher (***Euonymus***) gedeihen im Schatten auf beliebigem Boden. Die Spielarten des Kletternden Spindelstrauchs (***E. fortunei***) überzeugen mit locker überfallendem Habitus und attraktivem glänzendem Laub (siehe Seite 92/93). Besonders gut hellt der silbrig weiß gesäumte **'Emerald Gaiety'** 🏆 dunkle Winkel auf. Ergibt sich die Gelegenheit, dann erklimmt er sogar Baumstämme. **'Silver Queen'** ist die schönste Kriechspindelauslese: Sie wächst langsam und ist mit ihrem rahmweiß gesäumten Laub und dem niederliegenden Wuchs ideal für den kleinen Garten (siehe Seite 113). Stattlicher wird der Japanische Spindelstrauch (***E. japonicus***) **'Chollipo'** 🏆 – eine kaum zu überbietende, aufrecht wachsende Sorte mit relativ breitem, hellgelb gesäumtem Laub (siehe Gute Pflanzpartner Seite 114).

Sämtliche Stechpalmen (***Ilex***) fühlen sich im Schatten wohl, denn ihr Naturstandort ist der Wald. Hell

Pflanzen für saure Böden

Für den baumreichen Garten mit saurem Boden existiert eine reiche Auswahl an Gehölzen. Ein naturhafter Waldgarten drängt sich geradezu auf, denn Rhododendren und Azaleen (*Rhododendron*, oben), Traubenheide (*Leucothoe*), Scheinbeere (*Gaultheria*) und Lavendelheide (*Pieris*) gedeihen unter solchen Bedingungen hervorragend, sofern der Boden nicht zu trocken ist. Nur unter Kiefern (*Pinus*) kann Trockenheit zum Problem werden, denn die flachen Faserwurzeln dieser Bäume machen dem sehr ähnlichen Wurzelsystem der Heidekrautgewächse große Konkurrenz. Vor allem auf leichtem Boden leiden die niedrigeren Pflanzen im Frühjahr und Sommer dann an Trockenstress und werden welk. Pflanzen Sie nicht zu nah am Baum; ein relativ offenes Blätterdach, durch das Regen dringen kann, ist ideal.

Schattengestalten: Buchsbaum (*Buxus*)

Eine Kiesfläche mit Buchsbaumkugeln unterschiedlicher Größe, dazu die eine oder andere Keramik- oder Steinkugel, wäre ein moderner Gestaltungsvorschlag für einen kleinen, schattigen Garten. Auch eine Unterpflanzung mit zierlichem Efeu (*Hedera*) oder Immergrün (*Vinca*) würde dazu passen.

Pflanztipps für den Baumschatten

Der Herbst ist die beste Pflanzzeit für Beete im Baumschatten. So haben die Neuankömmlinge den ganzen Winter Zeit, sich zu etablieren, bevor sich das Blätterdach wieder schließt und den Regen abhält. Aufgrund der Konkurrenz zu den Baumwurzeln findet an solchem Platz ein stetiger Kampf ums Wasser statt.

Unter Bäumen muss der Boden besonders gut für die Pflanzung vorbereitet werden. Heben Sie das Pflanzloch mit einem scharfen Spaten aus, mit dem Sie auch störende Baumwurzeln durchtrennen können. Mischen Sie reichlich Komposterde unter, um den neuen Pflanzen das Anwachsen zu erleichtern. Geben Sie direkt nach der Pflanzung und später alljährlich zu Beginn der Wachstumsperiode einen Langzeitdünger. Gießen Sie die Pflanzen während der ersten Saison regelmäßig und gründlich, bis sie gut eingewurzelt sind. Pflanzen Sie nicht zu nah an einem großen Baum; größere Gehölze benötigen zum Gedeihen wenigstens 3 m Abstand.

und fröhlich leuchten die buntblättrigen Auslesen der Gewöhnlichen Stechpalme (*I. aquifolium*) 🏆 und der Großblättrigen Stechpalme (*I. × altaclerensis*); ihr auffälliges Laub trägt Licht in die dunkelsten Ecken. Hat eine Stechpalme erst einmal Fuß gefasst, so wächst sie auch unter Bäumen gut; allerdings dauert es einige Jahre, bis sie Tempo aufnimmt. Eine besonders wertvolle Sorte ist *I. × altaclerensis* 'Golden King' 🏆 mit dunkelgrünem, breit goldgelb gesäumtem Blatt. Trotz des Namens handelt es sich um eine weibliche Form; die reichlich angesetzten Steinfrüchte bleiben bis ins neue Jahr haften, sofern sich nicht die Vögel darüber hermachen. Ein guter Partner ist der goldgelb panaschierte Kletternde Spindelstrauch (*Euonymus fortunei*) 'Emerald 'n' Gold' 🏆, doch lassen Sie schlicht immergrüne Sträucher wie *Sarcococca confusa* zwischen den beiden vermitteln (siehe Seite 92). Wer weißbuntes Laub sucht, ist mit *I. aquifolium* 'Ferox Argentea' 🏆 gut beraten (siehe Gute Pflanzpartner Seite 144).

Die zähen immergrünen Mahonien (*Mahonia*) tragen ilexartiges Laub und gedeihen an jedem Schattenplatz mit durchlässigem Boden. Die Japanischen Mahonie (*M. japonica*) 🏆 erblüht im Winter

3 | Großblättrige Stechpalme (*Ilex × altaclerensis*) 'Golden King'

Empfehlenswerte Schattengehölze Pontischer Seidelbast (*Daphne pontica*) • Dornige Ölweide (*Elaeagnus pungens*) 'Maculata' • Portugiesische Lorbeerkirsche (*Prunus lusitanica*) 'Angustifolia' • Bastard-Korallenbeere (*Symphoricarpos × chenaultii*) 'Hancock'

Gute Pflanzpartner

Die rahmweiß gesäumte Gewöhnliche Stechpalme (*Ilex aquifolium*) 'Ferox argentea' 🏆 (A) setzt im Schatten einen schönen Kontrast zu den leuchtend roten Zweigen des Tatarischen Hartriegels (*Cornus alba*) 'Sibirica' 🏆 (B).

und Vorfrühling zartgelb (siehe Bild Seite 95). Die wüchsige, aufrechte ***M. × media*** **'Charity'** trägt im Herbst und Winter Blüten in kräftigerem Gelb. ***M. × media*** **'Winter Sun'** 🏆 bleibt kompakter, mit aufrecht stehenden gelben Blütenständen (siehe auch ***M. aquifolium*** **'Apollo'** 🏆 auf Seite 92/93 und 137). Stechpalmenartiges Laub ziert auch die Stachelblättrige Duftblüte **(*Osmanthus heterophyllus*) 'Variegatus'** 🏆; sie wächst zu einem 1,2 m hohen Busch heran. Ihr glänzendes Blatt ist weiß gesäumt und zierlicher als das der Stechpalme (siehe Gute Pflanzpartner Seite 146).

4 | Wald-Schaumblüte (*Tiarella cordifolia*)

Bodendecker …

Etliche Kletterpflanzen und bodendeckende Stauden bewähren sich unter Bäumen, wo sie einen abwechslungsreichen Laubteppich bilden, Gartenobjekte hübsch umspielen und sich hervorragend mit Blumenzwiebeln vertragen. Immergrün **(*Vinca*)**, Spindelstrauch **(*Euonymus*)** und Efeu **(*Hedera*)** sind offensichtliche Anwärter für diese Rolle. Großblättrige Efeuvarianten werden häufig zugunsten der feiner belaubten Sorten ignoriert, doch sie sind überall dort ideal, wo ein üppiges, dickes Blattpolster gewünscht ist. Der Kolchische Efeu **(*H. colchica*) 'Sulphur Heart'** 🏆 beispielsweise wirkt als Teppich aus großen, goldgelb gezeichneten, glänzenden Blättern phänomenal zu dunkelgrünem Laub.

Eine wertvolle immergrüne Staude ist die Robb-Wolfsmilch **(*Euphorbia amygdaloides* ssp. *robbiae*)** 🏆, die aus unterirdischen Trieben bis zu 60 cm hohe, aufrechte Triebe mit dichten, glänzenden, immergrünen Blattquirlen und im Frühjahr mandelgrünen Blüten treibt.

Die Wald-Schaumblüte **(*Tiarella cordifolia*)** ist eine immergrüne Staude mit herzförmigem Blatt und zarten, grünlich weißen Blütenkerzen. Dieser unaufdringliche Bodendecker bietet wohltuende Abwechslung neben großlaubigem Efeu (*Hedera*) und Bergenien (*Bergenia*).

Empfehlenswerte Farne für den Schatten Hirschzungenfarn (*Asplenium scolopendrium*) • Silikatliebender Brauner Streifenfarn (*Asplenium trichomanes*) • Spreuschuppiger Wurmfarn (*Dryopteris affinis*) • Rotschleier-

Famoses Laub für Schattenplätze

Mit seinem hohen Blätterdach, der Kulisse aus prägnanten Immergrünen und dem ausgerollten grünen Teppich bereitet lichter Schatten vielen Blattschönheiten die perfekte Bühne. Im gedämpften Licht treten die unterschiedlichen Blattformen besonders klar hervor. Während sonnenbeschienenes Laub das Licht oft so stark reflektiert, dass sich seine Feinheiten verlieren, bleibt seine Schönheit im Schatten immer im Blick.

Funkien (*Hosta*) und Lungenkraut (*Pulmonaria*) sind ideale Schattenkinder, solange der Boden nicht zu trocken ist. Das Drama großlaubiger Sorten wie der Blaublatt-Funkie (*H. sieboldiana*) 'Elegans' 🏆 (A) und *H.* 'Frances Williams' 🏆 beginnt mit dem Moment im zeitigen Frühjahr, da ihre prallen Blatttriebe den Boden durchstoßen. Mit ihren markant gerippten oder an Krepp erinnernden Blättern sind sie außerdem vorzügliche Kandidaten für den Topfgarten (siehe auch Seite 106).

Manche Auslesen des Lungenkrauts **(*Pulmonaria*)** (B) machen mit silbrig gechecktem Laub, das bis zum Ende der Saison überdauert, jeder Funkie Konkurrenz. Wo Schnecken ein Problem sind, ist Lungenkraut eine gute Wahl. Schöne Sorten sind z.B. das Großgefleckte Lungenkraut (*P. saccharata*) 'Leopard', das Langblättrige Lungenkraut (*P. longifolia*) 'Ankum' und *P.* 'Roy Davidson'.

Farne sind perfekt für die Waldatmosphäre, die unter tiefem Astwerk herrscht. Der Weiche Schildfarn **(*Polystichum setiferum*) 'Pulcherrimum Bevis'** 🏆 (C) und andere immergrüne Arten halten hier den ganzen Winter die Stellung; einziehende Arten wiederum begeistern im Frühjahr mit ihren hellgrünen zusammengerollten Wedeln.

Wurmfarn (*Dryopteris erythrosora*) • Gewöhnlicher Wurmfarn (*Dryopteris filix-mas*) • Gewöhnlicher Tüpfelfarn (*Polypodium vulgare*) • Ilexblättriger Mondsichelfarn (*Polystichum falcatum* var. *fortunei*)

… und ein wenig Farbe

Um Farbe in den Schattengarten zu bringen, greift der Gärtner gern zu Zwiebel- und Knollenpflanzen. Im Wald beheimatete Arten sind die beste Wahl, denn sie sind an diese spezielle Situation angepasst. Die meisten blühen zeitig im Jahr, bevor ihnen das dichte Blätterdach Licht und Wasser vorenthält.

Narzissen (***Narcissus***), Atlantisches Hasenglöckchen (***Hyacinthoides non-scripta***) und Armenische Traubenhyazinthe (***Muscari armeniacum***) gedeihen im Gehölzschatten problemlos zwischen bodendeckenden Stauden. Krokusse (***Crocus***) und Balkan-Windröschen (***Anemone blanda***) 🏆, Kleiner Winterling (***Eranthis hyemalis***) 🏆 und Sibirischer Blaustern (***Scilla siberica***) sowie die Libanon-Puschkinie (***Puschkinia scilloides*** **var.** ***libanotica***) dagegen sind auf rücksichtsvolle Nachbarn angewiesen, die ihre zarten Blüten zur Geltung kommen lassen; Kiesflächen kommen ihnen besonders entgegen. Manche Arten warten bis zum Herbst – so überraschen in der kühleren Jahreszeit das Herbst-Alpenveilchen (***Cyclamen hederifolium***) 🏆 und die Herbst-Zeitlose (***Colchicum autumnale***) mit warmen Farbakzenten.

Die meisten Sommerblumen blühen und gedeihen nur an Sonnenplätzen, doch einige wenige tolerieren auch Schatten. Unter Bäumen ausgepflanzt kümmern jedoch auch diese, da der Boden während ihrer Hauptwachstumszeit einfach zu trocken bleibt. Ziehen Sie diese Blumen an einem sonnigeren Standort in Töpfen vor, bis sie gut angewachsen sind, um sie erst danach an ihren Schattenplatz zu stellen. Die besten Resultate lassen sich mit Kübelpflanzenerde mit speziellen wasserspeichernden Zusätzen erzielen. Am besten für den Schatten geeignet sind Fleißige Lieschen (***Impatiens***). Es gibt diese unkomplizierten, unablässig Knospen produzierenden Pflänzchen in etlichen Farbvariationen. Auch Begonien (***Begonia***) wachsen und blühen eifrig ohne direkte Sonne. Besonders verlässlich sind die Sorten der kleinblütigen, im Volksmund Eisbegonie genannten ***B. cucullata*** **var.** ***hookeri***, auch wenn ihre Farben ein wenig harsch sind. Die dunkellaubigen Auslesen vergrünen im Schatten. Auch Fuchsien (***Fuchsia***) setzen im Schatten reiche Blüte an.

Gute Pflanzpartner

Die Stachelblättrige Duftblüte (*Osmanthus heterophyllus*) 'Variegatus' 🏆 (A) passt besonders gut zu blauen Frühlingsblühern wie der Armenischen Traubenhyazinthe (*Muscari armeniacum*) 🏆 (B), zu weißbunten Funkien (*Hosta*) und silbrig geschecktem Lungenkraut (*Pulmonaria*).

A

B

5 | Atlantisches Hasenglöckchen (*Hyacinthoides non-scripta*)

6 | Fleißiges Lieschen (*Impatiens walleriana*) 'Accent Cranberry'

Der Handtuchgarten

Viele Gärten sind lang und schmal – mindestens doppelt so tief wie breit, dabei aber nicht über die Hausbreite hinausgehend. Vor allem die Bewohner von Reihenhäusern haben mit derart schlanken Außenräumen zu tun, die oft auch noch beiderseits von Mauern, Zäunen oder Hecken begrenzt sind. Nicht selten ist ein solches Gärtchen einzig durch das Haus zugänglich; nur wer Glück hat, verfügt über ein Gartentor am Ende des Grundstücks.

1 | In diesem schmalen Gärtchen zieht eine neuseeländische *Astelia chathamica* in ihrer großen Terrakotta-Urne alle Blicke auf sich.

2

Aufteilen

Laufen in einem langen, schmalen Garten Rabatten und Beete gerade auf die Grundstücksgrenze zu, so unterstreichen sie den Korridoreffekt zusätzlich. Dies ist unbedingt zu vermeiden. Ein länglicher Garten wirkt breiter und gefälliger proportioniert, wenn Sie ihn in mehrere Bereiche unterteilen. Eine Möglichkeit besteht darin, den Übergang von einem »Raum« in den nächsten mit einem Rankgitter, Torbogen oder einer anderen physischen Barriere zu kennzeichnen. Ein auf diese Weise gegliederter schmaler Garten kommt sehr intim und abgeschlossen daher; manche mögen ihn allerdings als klaustrophobisch empfinden. Subtiler ist die Aufteilung, wenn Sie auch auf einer kleinen Grundfläche Teilbereiche durch unterschiedliche Oberflächen und Stimmungswechsel definieren. Indem Sie von Pflaster zu Kies oder Rasen, zu unterschiedlich bepflanzten Flächen oder sogar einem Wassergarten wechseln, wird der Garten unterteilt, sein offener Charakter jedoch bleibt erhalten.

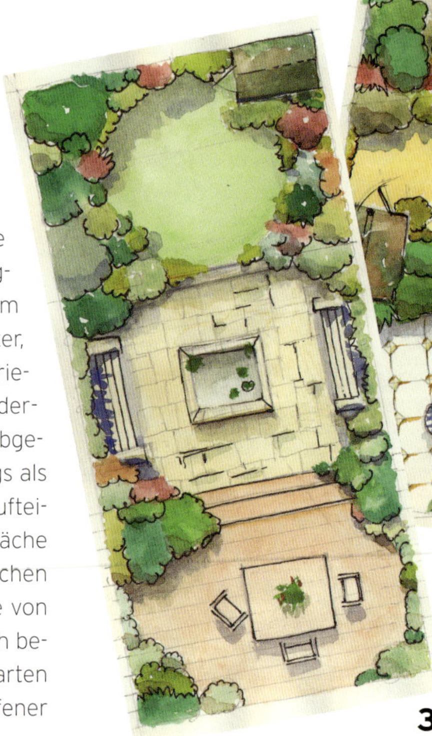

3

4

2 | Dieses Grundstück erscheint dank raffinierter Unterteilung wesentlich breiter, als es tatsächlich ist. Allerdings würde sich am Ende des Gartens eine größere Kübelpflanze als Blickfang empfehlen, um die Aufmerksamkeit von Tür und Tor im Hintergrund abzulenken.

3+4 | Gliedern Sie ein schmales Grundstück in mehrere Räume unterschiedlichen Charakters.

3 | Dank der Sitzplätze auf beiden Seiten können Sie hier zu jeder Tageszeit Sonnenwärme genießen.

4 | Der Weg durch den Garten erscheint länger, wenn die Unterteilungen schräg verlaufen. Gleichzeitig ergeben sich dadurch interessantere Sichtachsen. Bei beiden Entwürfen sorgen Pflanzen dafür, dass man nicht sofort den gesamten Garten im Blick hat.

Sichtschutz

Der schmale Hausgarten liegt oft ebenso im Blick der Nachbarn wie ein Seitengarten. Die Versuchung ist groß, sich hier mit hohen Hecken abzuschirmen, doch diese rücken in den Garten hinein und machen ihn noch enger. Leichte, mit Pflanzen berankte Gitterwände aus Holz oder Draht sind wesentlich effektiver und beanspruchen weit weniger Raum (siehe auch Seite 34).

Nehmen Sie anstelle des höchsten verfügbaren blickdichten Zauns lieber Elemente, die oben mit einer Pergola oder einem Rankgitter abschließen. Diese wirken weniger beengend und lassen mehr Licht und Luft in den Garten. In einem kleinen Garten liegen die Grundstücksgrenzen sehr im Blick – hier ist eine attraktive Ausführung die Zusatzkosten wert.

Helle Farben erweitern den Raum optisch, was bedenkenswert ist, wo Mauern oder Zäune einen Anstrich erhalten sollen. Wenn Sie unsicher sind, gehen Sie mit einer möglichst unauffälligen, hellen Nuance auf Nummer sicher, um sich im Übrigen auf die Bepflanzung zu konzentrieren.

Terrassen

Eine Terrasse in einem schmalen Garten sollte nie tiefer sein, als der Garten breit ist. Kleinpflaster ist bei begrenztem Raum großen Steinplatten vorzuziehen. Unregelmäßig verlegtes Pflaster bewährt sich besser als gleichmäßige Reihen, die das Auge zur Gartengrenze leiten; allerdings kann in einem engen Stadtgarten Fliesenbelag mit kleinen Einlegern phänomenal wirken. Soll die Anlage weniger formal anmuten, lassen Sie das Pflaster unregelmäßig in die Bepflanzung auslaufen. Eine Holzterrasse verbreitert den Garten optisch, wenn Sie die Dielen quer zum Garten anstatt in Längsrichtung verlegen.

Kletterer auf engstem Raum

Kletterpflanzen, die sich eng an ihre Rankhilfen halten, sind für die Seitengrenzen eines schmalen Gartens genau richtig.

Die Fingerblättrige Akebie (*Akebia quinata*) (A) ist ein eifriger Schlinger und im Weinbauklima sogar wintergrün. Mit ihren langen Trieben und dem hübschen hellgrünen, gefiederten Laub legt sie im Nu einen schönen, zarten Vorhang über Mauern und Rankgitter. Im Frühjahr schmückt sie sich mit duftenden, rotvioletten Blüten in großer Zahl. Eine exotische Kletterpflanze, die derart früh im Jahr ihren Auftritt hat, ist ein großer Bonus.

Waldreben (*Clematis*) wollen die Füße im Schatten und den Kopf in der Sonne haben. Mauerkronen und hohe Zäune überwallen sie mit bunten Blüten; allerdings blickt man unten nicht selten auf kahle Beine. Die verlässliche, kaum überhängende 'Hagley Hybrid' (B) erreicht rund 3 m Höhe. Sie trägt den ganzen Sommer rosa Blüten mit schokobraunen Staubfäden – eine der besten großblumigen Waldreben für Schattenlagen.

Für sonnenabgewandte Mauern und Zäune ist Efeu unschlagbar. Die Auslese des Gewöhnlichen Efeus (*Hedera helix*) 'Oro di Bogliasco' (syn. 'Goldheart') (C) wächst besonders gleichmäßig; ihr dunkelgrünes Blatt ist in der Mitte durch einen kecken goldgelben Fleck gezeichnet. An ihren geraden Trieben findet Winter-Jasmin (*Jasminum nudiflorum*) guten Halt, der mit seinen leuchtend gelben Blüten im Winter die helle Freude ist, mit dem Gewirr seiner Triebe hingegen nicht unbedingt begeistert. Schiebt er sich jedoch hinter dem Efeu in die Höhe, sind seine Triebe verdeckt, während die Blüten sichtbar bleiben.

Empfehlenswerte Waldreben (*Clematis*) für enge Ecken 'Bill MacKenzie' • 'Broughton Star' • 'Frances Rivis' • 'Fujimusume' • 'Polish Spirit'

Versteckte Sitzplätze

Stellen Sie beiderseits eines besonderen Objekts, beispielsweise eines Brunnenelements, zwei Laubenbänke einander gegenüber – so schaffen Sie einen schönen intimen Gartenraum. Vom Haus aus gibt sich dieser Sitzplatz nicht sofort als solcher zu erkennen, und auch die Nachbarn haben nicht unbedingt Einblick. Im schmalen Garten ist ein solches Arrangement eine gute Alternative zu einer Terrasse mit Sitzgruppe.

Pflanztipps für schmale Gärten

- Maximieren Sie Ihre Pflanzfläche, indem Sie in die Höhe gehen: Kletterpflanzen, Mauersträucher, blickdurchlässige Bäume und hohe, schlanke Gewächse wie säulenförmige Sträucher und Koniferen sowie nicht wuchernder Bambus tragen alle dazu bei, einen kleinen Garten größer erscheinen zu lassen.
- Machen Sie »klein und kompakt« zu Ihrer Grundregel, ziehen Sie aber auch andere Pflanzen mit interessantem Wuchs in Betracht.
- Wo wenig Platz ist, muss sich jede Pflanze ihre Daseinsberechtigung erstreiten, indem sie einen Großteil des Jahrs hübsch aussieht. Meiden Sie große, struppige Sträucher, die nur kurzzeitig begeistern, sowie Stauden, die ihren Platz für einige wenige Tage der Pracht belegen.
- Pflanzen Sie nicht gleichmäßig entlang der Grundstücksgrenzen, denn dadurch erscheint der Garten noch schmaler. Lassen Sie stattdessen irgendwo eine Rasen-, Kies- oder Pflasterfläche die ganze Gartenbreite einnehmen.

Die Pflanzenwahl

Viele schmale Gärten liegen zumindest zeitweise im Schatten von Grenzmauern oder Sichtschutzelementen oder sogar im Hausschatten. Angesichts der beengten Verhältnisse kommen hohe, ausladende Sträucher zur Strukturierung nicht infrage, und auch etliche andere Sichtschutzgehölze beanspruchen viel zu viel kostbaren Platz.
Reichlich beengt fällt oft auch der Seitengarten zum Nachbarn hin aus. Dieser schmale Grundstücksstreifen wird allzu gern vernachlässigt, denn er ist schwierig zu nutzen und zu gestalten. Nicht selten ist er jedoch aus den Fenstern zu sehen, und so lohnt es sich unbedingt, ihn hübsch zu bepflanzen.

Mauersträucher

Etliche Sträucher lassen sich flach an der Mauer oder dem Zaun ziehen und häufig viel einfacher in Form halten als Kletterpflanzen. Die windigen, trockenen Bedingungen, die für den Bereich direkt an der Hauswand typisch sind, vertragen sämtliche im Folgenden beschriebenen Gehölze problemlos.
Zierquitten (***Chaenomeles***) zeichnen sich durch zierliches, glänzend grünes Laub und einen roten Neutrieb aus. Im Vorfrühling sind ihre kahlen, sparrigen Zweige ganz wunderbar mit Blüten besetzt. Manche Sorten tragen im Herbst duftende, gelbe, an Quitten erinnernde Früchte. Die Blütenfarben reichen von Weiß über zarte Pfirsich- und Rosatöne bis hin zu Feuerrot. Die Sorte ***C.* × *superba* 'Crimson and Gold'** 🏆 blüht tiefrot mit goldgelben Staubfäden.

Blickdichter Efeu (*Hedera*)

Je sparsamer die Gärten bemessen sind, desto häufiger sehen wir efeuberankte Drahtzäune. Diese sind bis zu einer Höhe von 2,5 m möglich; die nötige Konstruktion aus Doppelstabmatten oder aus stabilem Maschendraht an imprägnierten Holzpfählen ist schnell errichtet. Großlaubige Efeusorten und -arten funktionieren am besten – im wintermilden Regionen z.B. der Irische Efeu (*H. hibernica*) 🏆; setzen Sie davon zwei Pflanzen pro Meter. Zunächst wächst der Selbstklimmer ein wenig zögerlich, doch schon bald nimmt er Tempo auf. Dirigieren Sie ihn so, dass keine Lücken bleiben, und schneiden Sie ein Zuviel an herabhängenden Trieben ab. Lassen Sie unten außerdem kleinblättrigen bunten Efeu wie *H. helix* 'Glacier' 🏆 ranken, um das Bild ein wenig aufzulockern. Wer ungeduldig ist, bekommt bei speziellen Anbietern fertig mit Efeu begrünte Elemente.

Die unkomplizierte Fächer-Zwergmispel (*Cotoneaster horizontalis*) gedeiht auf jeglichen Böden. Ihre im Fischgrätmuster angeordneten Zweige sind mit dunkelgrünen Blättchen besetzt, die sich vor dem Laubfall im Herbst intensiv rot färben. Auch danach bleiben die siegelroten Früchte noch an den Zweigen haften. Mit einer Ausdehnung von 2 × 3 m ist dieser Strauch für niedrige Mauern gut geeignet.

Mehrere Spindelsträucher (*Euonymus*) verhalten sich wie immergrüne Kletterpflanzen und lassen sich schmal an der Wand halten. Sowohl der weißbunte Kletternde Spindelstrauch (*E. fortunei*) **'Emerald Gaiety'** 🏆 (siehe Seite 90) als auch die goldbunte Auslese ***E. fortunei* 'Emerald 'n' Gold'** 🏆 (siehe Seite 92/93) streben in die Höhe, sobald sie Halt finden.

Feuerdorn (*Pyracantha*) ist ausgesprochen unkompliziert. Der je nach Lage halbwintergrüne bis wintergrüne Strauch schmückt sich im Frühjahr mit duftenden, weißen Blüten und im Herbst mit leuchtenden Früchten, die bis in den Winter hinein haften, falls sie nicht den Vögeln zum Opfer fallen. Der dornige Busch lässt sich problemlos in Form bringen und auch in der Höhe beschränken; an einem Drahtzaun gezogen ist er ein äußerst wirkungsvoller Schutz gegen Eindringlinge.

Schmale Immergrüne

Viele immergrüne Sträucher lassen sich mit der Schere in schmale Form bringen. Offensichtliche Kandidaten dafür sind jene Arten, die auch für den Formschnitt Verwendung finden, beispielsweise Eibe (*Taxus*, siehe Seite 87-89) und Buchsbaum (*Buxus*, siehe Seite 87-89, 91/92). Daneben gibt es ungewöhnliche, attraktive schmale Auslesen. So präsentiert sich der Japanische Liguster (*Ligustrum japonicum*) **'Rotundifolium'** als sehr langsam wachsender, prägnanter Säulenbaum mit rundem, ledrigem, glänzend dunkelgrünem Blatt. Die Japanische Stechpalme (*Ilex crenata*) **'Sky Pencil'** ist eine extrem schmale, aufrechte Auslese mit ovalen, dunkelgrünen Blättchen und steifen Trieben. Deutlich größer wird die Gewöhnliche Stechpalme (*I. aquifolium*) **'Pyramidalis'** 🏆, die zunächst kegelförmig wächst, mit zunehmendem Alter aber stärker in die Breite geht. Ihr smaragdgrünes Laub weist relativ wenige Stacheln auf, und sie setzt für den Winter reiche, leuchtend rote Beerentracht an. Stachliger und aufrechter zeigt sich die Sorte ***I. aquifolium* 'Green Pillar'**, die ebenfalls reichlich Beeren trägt.

5 | Fächer-Zwergmispel (*Cotoneaster horizontalis*)

6 | Zierquitte (*Chaenomeles × superba*) 'Crimson and Gold'

Bäume schmal halten

Manche Bäume lassen sich gut mit der Schere schmal halten. Bei der Säulen-Hainbuche (*Carpinus betulus*) 'Fastigiata' ♈ (siehe Seite 82/83) streben die Äste von Natur aus senkrecht in die Höhe. Wird dieser Baum nach Erreichen der gewünschten Größe leicht beschnitten, bleibt seine schmale Form erhalten.

Die silbrig grüne, kleinkronige Gewöhnliche Mehlbeere (*Sorbus aria*) 'Lutescens' ♈ (A) lässt sich als kompakter Baum halten, wenn man sie im Spätwinter - vor dem Blattaustrieb - entsprechend schneidet. Dieser Baum wird immer häufiger auch als silbrige Blattschmucksäule mit bodennah ansetzenden Zweigen gezogen.

Die buntblättrigen Auslesen des Eschen-Ahorns (*Acer negundo*) sind eine heitere Alternative zu schlichtgrünen Laubbäumen. Da sie einen drastischen Rückschnitt im Frühjahr gut vertragen, lassen sie sich kompakt und schlank halten. 'Flamingo' (B) zeigt nach einer solchen Behandlung attraktiven lachsrosa Neutrieb.

Schmale Laubbäume

Hingucker, die unseren Blick in die Höhe ziehen, sind in einem kleinen oder schmalen Garten besonders wichtig. Bäume sind daher auch dort unerlässlich, wo ein Schattenspender nicht unbedingt nötig wäre. Ein geschickt platziertes Hausbäumchen schafft Privatsphäre, indem es den Einblick aus Nachbars Fenstern verhindert.

Besonders schmale, aufrechte Wuchsformen finden sich bei vielen Kirschen (*Prunus*). Am bekanntesten dürfte die Säulen-Kirsche (*P. serrulata*) 'Amanogawa' ♈ sein, die sich wunderschön mit großen, gefüllten, zartrosa Blüten schmückt. Allerdings ist sie in den übrigen Monaten eher uninteressant - andere Sorten haben da mehr zu bieten. Die Berg-Kirsche (*P. sargentii*) 'Rancho' ist die schmal trichterförmige Auslese einer wunderschönen Art. Sie bezaubert mit glänzender, mahagoniroter Rinde, verwandelt sich im Frühjahr in eine leuchtend rosa Blütenwolke, färbt sich im Herbst flammend rot und orange und wächst obendrein relativ zügig. Elegant und schlank ist auch Hilliers Kirsche (*P. × hillieri*) 'Spire' ♈, deren aufstrebende Äste im Frühling mit zartrosigen Blütenbüscheln behängt sind. Ihr Laub färbt sich im Herbst rot und purpurn. Diese Sorte wird gern als Straßenbaum verwendet und ist ausgezeichnet für einen schmalen Winkel im Garten.

7 | **Chinesische Birne (*Pyrus calleryana*) 'Chanticleer'**

8 | **Gelbe Säulen-Eibe (*Taxus baccata*) 'Fastigiata Aureomarginata'**

Empfehlenswerte hohe, schlanke Bäume Feld-Ahorn (*Acer campestre*) 'William Caldwell' • Rote Säulen-Buche (*Fagus sylvatica*) 'Dawyck Purple' • Wolliger Apfel (*Malus tschonoskii*) • Säulen-Eiche (*Quercus robur*) 'Fastigiata' • Säulen-Eberesche (*Sorbus aucuparia*) 'Fastigiata' • Gold-Ulme (*Ulmus × hollandica*) 'Dampieri aurea'

Wasser im Garten

Wasser schafft im Garten eine Illusion freien Raums (siehe Seite 60–64). Die tiefe, stille Oberfläche wirkt als vertikales Element. Eine weitere Dimension hält mit plätscherndem Wasser Einzug – selbst ein winziges Wasserspiel kann die Atmosphäre eines Gartens grundlegend verändern. Begrenzen Mauern den engen Raum, erfährt die Geräuschkulisse eine zusätzliche Verstärkung.

Die Chinesische Birne (*Pyrus calleryana*) **'Chanticleer'** 🏆 zeichnet sich ebenfalls durch diverse Vorzüge aus: eine schmal zulaufende Krone, weiße Blüten im Frühjahr und danach dichtes, mattgrünes Laub, das im Herbst buttergelb wird. Die Blätter verbleiben bis in den Winter an den Zweigen, um schließlich abzufallen und die elegante Aststruktur zu entblößen.

Schmale Koniferen

Manche Koniferen sind für beengte Verhältnisse besonders gut geeignet. Ausgezeichnete Strukturgeber sind solche mit schmal säulenförmigem Wuchs – ein immer präsenter Blickfang, der sich zwischen niedrigeren Pflanzen unübersehbar in die Höhe reckt. Diese Immergrünen passen zur traditionellen ebenso wie zur modernen Gestaltung. Die Säulenformen der Eibe (***Taxus***) sind besonders wertvolle Gartenpflanzen. Die dunkelgrüne Säulen-Eibe (***T. baccata***) **'Fastigiata'** 🏆 bleibt durchgängig attraktiv – von ihrer schlanken Jugendform über die hohe, stattliche Figur, die sie im Erwachsenenalter abgibt, bis hin zur etwas breiteren Altersform. Sie entfaltet eine ausgezeichnete Signalwirkung, ob im Beet oder gemeinsam mit immergrünen Bodendeckern wie Efeu (*Hedera*) oder Immergrün (*Vinca*) oder aber als Blickziel am Ende einer Rabatte oder eines Wegs. Bei der goldgrünen Form **'Fastigiata Aureomarginata'** 🏆 sind die dunklen, schmalen Nadeln golden gesäumt. Diese helle Auslese setzt einen schönen Akzent zu goldbunten Pflanzen oder aber vor dunkle immergrüne Laubgehölze.

Der Irische Säulen-Wacholder (***Juniperus communis***) **'Hibernica'** 🏆 wächst dicht säulenförmig und erreicht eine Höhe von gut 3 m. Sein kratziges, graugrünes Laub setzt beim Zerreiben den typischen Wacholderduft frei. Diese Konifere passt gut in einen formalen Garten.

Spiegel und Spiegelblech

Mit Spiegeln können Sie einen schmalen Gartenraum, der auf ein oder zwei Seiten von einer Mauer begrenzt wird, sehr bereichern. Montieren Sie sie an gegenüberliegenden Seiten, vielleicht noch kombiniert mit einer dreidimensional wirkenden Treillage, um den Garten deutlich größer erscheinen zu lassen. Besonders wirkungsvoll sind Spiegel, wenn sie von Grün umspielt sind. Sie können allerdings Vögeln gefährlich werden, die hindurchfliegen wollen (bei Montage an den Seitenmauern eher unwahrscheinlich). Eine Alternative zu Spiegelglas stellt Spiegelblech dar, das weniger Gefahren birgt. Dessen leicht verschwommene Reflexion fügt sich häufig auch angenehmer ins Gesamtbild.

Ein Glasspiegel und eine reflektierende Wasserfläche schaffen in diesem formalen Schaugarten der Chelsea Flower Show eine grandiose Raumillusion.

Neues Haus – neuer Garten

Einen Hausneubau mit einem Garten zu umgeben stellt eine ziemliche Herausforderung dar. Einerseits ergibt sich hier die wunderbare Gelegenheit, ein neues Blatt Papier ohne Rücksicht auf bereits Vorhandenes zu beschreiben. Andererseits kann die Aufgabe ziemlich beängstigend sein, denn die Gesamtplanung liegt bei uns. Geduld ist unerlässlich; angesagt sind darüber hinaus sorgfältige Überlegung und gründliche Bodenvorbereitung. So verlockend es ist, sich sofort in das Abenteuer zu stürzen: Langfristig werden Sie mit Ihrem Ergebnis wesentlich zufriedener sein, wenn Sie sich in diesem Stadium genügend Zeit genommen haben.

Auch wenn Ihnen zunächst einmal die Kosten für den Hausbau auf den Schultern lasten und Sie meinen, mit dem Geldausgeben sei es nun ein für alle Mal vorbei – überlegen Sie, bevor Sie den Garten planen, ob eines Tages vielleicht weitere Baumaßnahmen anstehen. Träumen Sie von einem Wintergarten, oder benötigen Sie eine Garage? Jeder Anbau verändert das Zusammenspiel von Haus und Garten, und es ist relativ wahrscheinlich, dass er genau jene Fläche beanspruchen wird, die gerade für teures Geld gepflastert oder bepflanzt werden soll. Wenn Sie zukünftige Anbauten für möglich halten, sollten Sie dies bei der Gartenplanung berücksichtigen. Planen Sie daher z. B. die Terrasse von vornherein in einer überbaubaren Ausführung, wenn Sie mit einem Wintergarten liebäugeln.

Auch wenn junge Hausbesitzer davon nicht gerade begeistert sind: Das Erste, was bei einer Gartenneuanlage ansteht, sind Bauarbeiten. Eine saubere Pflasterfläche, ein Zaun, ein Gartenhaus – solche Dinge finden sich auf den meisten Wunschlisten. Ihr Geldbeutel mag Sie momentan noch an der Ausführung hindern, doch zumindest die Fundamente sollten Sie jetzt schon legen.

Bodenverbesserung

Bei einem Neubau lohnt es sich besonders, den pH-Wert des Bodens zu testen. Häufig wurde der Mutterboden angeliefert und weist einen ganz anderen pH-Wert auf als die Umgebung. Arbeiten Sie reichlich organisches Material in Form von kompostiertem Stallmist oder Gartenkompost unter; nur so stellt sich aktives Bodenleben ein, das die Grundlage guten Pflanzenwachstums darstellt.

Ab in die Mitte

Wer mit einem leeren Gartengrundstück beginnt, hält sich bei der Ausgestaltung instinktiv an die Grenzen - auf offener Fläche fühlen wir uns viel zu exponiert. Aus diesem Grund beschränken sich die Rabatten in den meisten jungen Gärten auf schmale Beetstreifen, die sich am Zaun entlanghangeln; mittendrin liegt eine leere Rasenfläche. Doch nur Mut: Wagen Sie sich mit einem Baum, einem Beet, einem Wasserelement oder einer Strauchgruppe hinaus in die Mitte, und verwandeln Sie so einen flachen Garten in eine dreidimensionale Landschaft.

Vorbereitungsarbeiten

Jeder Hausbau bedeutet eine Strapaze für das Grundstück. Mutterboden wird abgeschoben, eventuell sogar ganz abgefahren und später durch neuen ersetzt, schweres Gerät und zwischengelagertes Baumaterial verdichten das Erdreich, und Schutt und Müll sammeln sich an. Den Boden rings ums Haus verschmutzen Zement, Gips und andere Materialien. Und so sind viele vorbereitende Arbeiten zu erledigen, bevor die erste Pflanze gesetzt werden kann.

Suchen Sie alle zukünftigen Pflanzbereiche mit der Grabegabel nach Bauschutt durch, und klauben Sie Ziegel- und Fliesenbruchstücke sowie Betonreste heraus. Vormauerziegel wie Klinker, Kalksandstein und ähnliches Material können Sie im Schotterbett für Schuppen und Terrasse verarbeiten - so ersparen Sie sich den Abtransport. Weiche Lochziegel und Porenbetonstein hingegen sollten Sie nicht auf diese Weise verwerten, da diese Materialien auf Dauer zerkrümeln.

Grenzen ziehen

Viele neue Grundstücke sind Teil von Neubausiedlungen, wo der dringende Wunsch besteht, zunächst einmal die Grenzen abzustecken. Zäune

1 | Pflasterkreise, ein geschwungener schmaler Weg und Rasenhügel verwandeln dieses rechteckige Grundstück in eine interessante Landschaft, ob man sie nun vom Haus oder vom Garten aus betrachtet. Große Ahornsolitäre (*Acer*) und hoher Bambus ziehen den Blick in die Höhe und täuschen über das geringe Alter des Gartens hinweg.

2

Neuer Rasen

Die meisten neu angelegten Gärten ziert eine Rasenfläche, denn mit Rasen bekommt man es am schnellsten schön grün. Dabei sind ein paar Grundregeln zu beachten:

- Verwenden Sie grundsätzlich nur hochwertiges Saatgut oder Rollrasen, denn billige Ware führt zu einem schlechten Ergebnis. Kaum etwas wird in seiner Bedeutung so unterschätzt wie ein smaragdgrüner Rasenteppich.
- Wählen Sie die Rasensaat bzw. den Rollrasen passend zu Ihrem Boden und zu der Situation. Rasenmischungen werden für verschiedene Ansprüche unterschiedlich konfektioniert; nur mit der geeigneten Sorte kann das Ergebnis gut werden.
- Bodenvorbereitung und das Verlegen von Rasensoden sind anstrengende Arbeiten, die zudem korrekt ausgeführt werden müssen. Auch wenn Sie die Beetgestaltung selbst vornehmen wollen, kann es sich lohnen, mit diesem Teil der Gartenanlage einen Profi zu beauftragen.

und Hecken haben oberste Priorität, und die meisten Hausbesitzer wollen sie so schnell und so billig wie möglich aufpflanzen. Und genau zu diesem Zeitpunkt werden nur zu leicht übereilte Entscheidungen getroffen, die man später sehr bedauert. So schützt eine Reihe raschwüchsiger Koniferen zwar im Nu vor nachbarlichem Einblick, doch auf lange Sicht werden diese Gehölze reichlich Platz, Wasser und Nährstoffe beanspruchen. Ein Zaun aus blickdichten Holzpaneelen schließt das Grundstück zwar umgehend nach außen ab, auf Dauer aber stellen Rankelemente mit hübschen Kletterpflanzen die attraktivere Lösung dar. Spielen Sie sämtliche Alternativen gründlich durch (siehe auch Seite 34–38).

Wasserabzug

Viele Probleme im jungen Garten gehen auf verdichteten Boden zurück; im Extremfall wird eine Drainage erforderlich. Von Moos und Lebermoosen besiedelter, ständig nasser Rasen ist ein deutliches Anzeichen für staunassen Boden. Wenn Sie ein Probeloch graben, können Sie leicht feststellen, ob sich das Wasser in der obersten Erdschicht sammelt, weil die darunterliegende Bodenschicht verdichtet ist. In diesem Fall hilft tiefes Umgraben (holländern), um die undurchlässige Schicht aufzubrechen. Arbeiten Sie außerdem scharfen Sand und gut verrottetes organisches Material unter, um das Erdreich zusätzlich zu lockern und seine Struktur zu verbessern.

Zeigt sich bei der Probegrabung ein gravierenderes Problem, muss möglicherweise eine Drainage installiert werden. Zu Beginn der Gartenanlage ist diese Aufgabe gar nicht so groß, wie sie klingt. Normalerweise genügt ein einfacher Abzug entlang der Terrasse und rings um den Rasen. Wenn Sie das Niveau von Rasen- und Beetflächen dann noch mit Mutterboden leicht anheben, versickert das Regenwasser gut, und jegliches Oberflächenwasser sammelt sich in der Drainage.

Manchmal werden Pfützen auf verdichtetem Boden schlicht und einfach durch Oberflächenwasser verursacht, das von einer Pflasterfläche abfließt. Bei schwerem Lehm oder einem insgesamt schlecht wasserzügigen Grundstück kann bereits ein schmaler, tiefer, mit grobem Schotter gefüllter Graben entlang des Pflasters das Problem beheben. Lassen Sie diesen Abzug in eine große, mit Steinen und Schotter gefüllte Sickergrube münden, in der sich das ablaufende Wasser sammelt. Pflastern Sie außerdem nicht bis direkt ans Haus, sondern legen Sie entlang der Hauswand einen Kiesstreifen an.

Erst die Bäume …

Die ersten Pflanzen, die ihren Platz im Garten bekommen, sind die Bäume und die wichtigsten strukturgebenden Sträucher; die übrige Bepflanzung baut sich darum herum auf. Bäume verändern das Grundstück radikal und sorgen für den gerade bei einer Neuanlage fehlenden Sichtschutz. Denken Sie daran, dass der Baumschatten mit dem Baum wächst; positionieren Sie diese Gehölze daher mit Bedacht. Und pflanzen Sie nicht zu viele, erscheint der Garten anfangs auch noch so leer!

Wenn Sie nur Platz für einen einzigen Baum haben, so wählen Sie einen, der über möglichst viele Monate den Garten ziert und bereits in jungen Jahren schön aussieht. Von hübschen Frühjahrsblüten haben Sie vielleicht eine Woche etwas – aber was ist mit dem Rest des Jahrs? Die folgenden Bäume begeistern über mehrere Jahreszeiten.

Der Zier-Apfel ***Malus*** **×** ***zumi*** **'Golden Hornet'** 🏆 ist eine gute Wahl für alle Fans der Apfelblüte; auf seine reiche Blütenpracht folgen später hübsche, goldgelbe Äpfelchen (siehe auch Seite 83). Entlang der ausladenden Zweige von ***M. transitoria*** 🏆 entfalten sich im Frühjahr aus rosa Knospen duftende, rosa-weiße Blüten. Winzige gelbe, kirschähnliche Früchte reifen im Herbst und bleiben auch noch haften, nachdem das goldene Herbstlaub sich verabschiedet hat. Ähnlich ist ***M. bhutanica***, der aber aufrechter wächst und daher besonders gut für beengte Verhältnisse geeignet ist.

Die Blut-Pflaume **(*Prunus cerasifera*) 'Nigra'** 🏆 trägt adrette, schwarzviolette Blätter an dunklem Geäst. Im zeitigen Frühjahr, noch bevor sich das Laub entfaltet, verwandelt sich ihre rundliche Krone in eine Wolke zarter rosa Blüten. Die Blut-Pflaume ist dank ihrer ausdrucksstarken Belaubung bereits in jungen Jahren ausgesprochen wirkungsvoll. Die kompakte Weißfrüchtige Hupeh-Eberesche **(*Sorbus hupehensis*)** 🏆 ist ideal für den kleinen Garten. Ihr blaugrünes Laub färbt sich im Herbst rot, die rosigen Früchte hingegen weiß, um so den Winter hindurch am Baum zu verbleiben. Ein eben-

2 | Raschwüchsiger Gold-Hopfen (*Humulus lupulus*) 'Aureus' und ein Beet voller Sträucher und Stauden machen aus einem einfachen Zaun eine Schönheit. So wird die Grenzbebauung in die Gartengestaltung einbezogen, und zugleich wird kein Platz für eine rein praktische Sichtschutzhecke verschwendet.

falls herausragender zierlicher Baum ist **S. 'Joseph Rock'**, die im Frühjahr weiß blüht und im Herbst bernsteinfarbene Fruchtstände trägt; dazu leuchtet ihr hübsches, farnartiges Laub in flammenden Tönen von Bernsteinorange über Feuerrot bis hin zu Violett.

… dann die Sträucher

Pflanzen Sie als Erstes diejenigen Sträucher, die den Garten strukturieren. Dafür empfehlen sich Immergrüne, denn diese sehen das ganze Jahr gut aus; manche tun sich außerdem mit Blüten oder interessanter Blattfarbe hervor. Mit dem Europäischen Buchsbaum (*Buxus sempervirens*), der Rotlaubigen Glanzmispel (*Photinia × fraseri*) 'Red Robin' 🏆 (siehe Seite 89/90) und anderen Publikumsfavoriten können Sie nichts verkehrt machen. Sie gedeihen auf beliebigem Boden in Sonne und Halbschatten und lassen sich durch Rückschnitt gut unter Kontrolle halten.

3 | *Malus × zumi* 'Golden Hornet'

4 | Eberesche (*Sorbus*) 'Joseph Rock'

5 | Blut-Pflaume (*Prunus cerasifera*) 'Nigra'

Sofortwirkung

Schlagen Sie der Zeit ein Schnippchen, indem Sie in einige größere Solitäre für den neuen Garten investieren. Von vielen Sträuchern und Stauden hält der Fachhandel große Exemplare bereit, die im Garten sofort etwas hermachen.

Am meisten lohnt sich die Investition in größere Struktursträucher und Immergrüne. So gewinnen Sie einige Jahre, und die Gehölze schaffen im Garten sofort einen Rahmen, den Sie weiter ausfüllen können. Aukube (*Aucuba*), Duftblüte (*Osmanthus*), Stechpalme (*Ilex*) und Schneeball (*Viburnum*) tragen alle wesentlich schneller zur Gartengestaltung bei, wenn Sie sie etwas größer kaufen. Bei kurzlebigen oder raschwüchsigen Pflanzen hingegen lohnt der Kauf größerer Exemplare nicht.

Ihr persönliches Gartenreich

Ein in neu angelegten Gärten häufig auffallender Fehler ist die Tendenz, dieselben Pflanzen und Materialien zu verwenden wie die Nachbarn. Natürlich dienen uns Nachbargärten als Inspiration, und bei einer Neubausiedlung sind sie meist gut einsehbar. Mit geschickt gewählten Accessoires können Sie Ihr Gartenreich dennoch ebenso individuell gestalten wie Ihre Hauseinrichtung.
Ein Sommerhäuschen oder eine Pergola bringt die dritte Dimension in den Garten und lässt sich durch individuelle Farbgebung und Ausstattung leicht von der Umgebung absetzen. Gerade in einem jungen

Empfehlenswerte raschwüchsige Sträucher Sommerflieder (*Buddleja*) 'Lochinch' • Tatarischer Hartriegel (*Cornus alba*) 'Elegantissima' • Virginische Blasenspiere (*Physocarpus opulifolius*) 'Diabolo' • Feuerdorn (*Pyracantha*) 'Orange Glow'

Garten hat eine solche Konstruktion den großen Vorteil, dass sie der Bepflanzung Halt bietet (siehe Seite 65–67).
Wasser erweckt den Garten mit seinem Plätschern, seiner Dynamik und seinen Lichtreflexen zum Leben (siehe Seite 60–64). Ist ein Teich geplant, so beginnen Sie möglichst bald mit der Anlage, denn selbst bei einem kleinen Teich fällt eine erstaunliche Menge an Aushub an. In der Anfangsphase des Gartens lasst dieser sich meist an anderer Stelle verwenden, und Sie brauchen ihn nicht abzufahren.
Mit Gartenkunst und schönen Pflanzgefäßen verwandeln Sie den Garten in Ihr persönliches Reich (siehe Seite 68–71). Investieren Sie in einige wenige schöne Objekte, die Ihnen auch noch nach vielen Jahren gefallen und die Sie bei einem Umzug vielleicht sogar mitnehmen mögen, um sie in einen neuen Garten zu integrieren.

Lückenfüller für neue Beete

Eine neu mit Sträuchern und Stauden bepflanzte Rabatte erscheint anfangs recht leer – viel zu viel freier Boden, viel zu wenige Pflanzen. Einjährige sowie Zwiebel- und Knollenpflanzen sind in diesem Stadium unverzichtbare Lückenfüller. Ideal sind hohe, ausladende Blumen wie die Dornige Spinnenpflanze (*Cleome spinosa*) (A) und der Flügel-Tabak (*Nicotiana alata*) (B). Lilien (*Lilium*) wie die Sorte 'Casablanca' 🏆 (C) sind ebenso unkompliziert wie preiswert und schenken uns im Sommer exotische, duftende Blüten.

6 | **Machen Sie eine schöne Laube zum Mittelpunkt einer Pflanzung.**

7 | **Wasser bringt Leben in den Garten.**

8 | **Eine moderne Plastik aus schwarzem Marmor setzt einen Blickpunkt.**

9 | **Schieferstelen ziehen die Blicke auf sich.**

Die englische Originalausgabe mit dem Titel »Design & Planting«
erschien bei David & Charles, an imprint of F&W Media International LTD,
Brunel House, Newton Abbot, Devon, TQ12 4PU.

Fotonachweis
Der Verlag dankt allen für die Erlaubnis, ihre Gärten abzubilden.

Alle Fotos von John Hillier und Andrew McIndoe, außer:
Philippa Bensley: Seiten 109 (1), 149 (C); Kevin Hobbs: Seiten 77 (A), 85 (6);
Jane Sterndale-Bennett: Seiten 110 (D), 144 (4); Chris Twilley: Seiten 32 r., 56
(3), 151 (5); Robin Whitecross: Seite 44 (7)
Illustrationen von Robin Whitecross: Seiten 76, 133, 148

Bibliografische Information der Deutschen Nationalbibliothek
Die Deutsche Nationalbibliothek verzeichnet diese Publikation
in der Deutschen Nationalbibliografie; detaillierte bibliografische
Daten sind im Internet über http://dnb.d-nb.de abrufbar.

1. Auflage
ISBN 978-3-7688-3492-6
Die Rechte für die deutsche Ausgabe liegen beim Verlag
Delius, Klasing & Co. KG, Bielefeld

Aus dem Englischen von Claudia Arlinghaus
Lektorat: Dr. Sigrun Künkele
Umschlaggestaltung und Layout: Gabriele Engel
Printed in Singapore 2013

Delius Klasing Verlag, Siekerwall 21, D-33602 Bielefeld
Tel.: 0521/559-0, Fax: 0521/559-115
E-Mail: info@delius-klasing.de
www.delius-klasing.de